真正的發現之旅
不在於尋找新大陸，
而是以新的眼光去看事物。
The real act of discovery consists
not in finding new lands
but in seeing with new eyes.
—普魯斯特—

當你遭受到挫折、感到痛苦與迷茫之際⋯⋯
這是一部自我啟發心理學の人生哲理的漫步！

自己再發見

林達夫　著

前言

古希臘哲學家德謨克里特，有一句我很喜歡的話：

「能使愚蠢的人學會一點東西，並不是言辭，而是厄運。」

也就是說，如果你不學聰明，你的人生就會不斷上演災難。換言之，人生的逆境並非是一種客觀的存在，而是你自己所創造出來的！

因此《自己新發見》將可以讓您更清楚地明白「自我意象」的重要，重新審視自己的心態、覺察自己的心理，瞭解自己。然後，重新啟動自己的內心圖像，開始往充滿希望與美好願景的目標，大步前進……

每個人都無法逃脫這樣一個推理原則：你怎麼思想將會決定你怎麼行動，你怎麼行動將決定別人對你的看法。就像你們自己的成功計劃一樣，要獲得別人的尊重其實很簡單。為得到他人的尊重，你們必須首先覺得自己確實值得人敬重，

而且你們越敬重自己，別人也會越敬重你們。

一個人的「自我概念」就是他人格的核心，你們自己認為是怎麼樣的人，你們就真的會成為怎麼樣的人。

——約翰・D・洛克菲勒

洛克菲勒是全球歷史上第一位白手起家的億萬富翁，他的成功也是代表「美國夢」的最佳典範！不過，除了他擁有巨大財富之外，我最推崇他也是一位道道地地的人生哲學家，他的哲學並非關在象牙塔內的「專研」，而是在展開在陽光大地上的「鑽研」……他的「自我概念」相當清楚，他知道他一生要什麼——而他也要到了！

一個果農留下了一筐蘋果，當時蘋果有幾個爛了，有人建議他把爛掉的部分扔掉，農民捨不得，每次都先挑爛蘋果吃，把爛的部分削去，把剩餘的好部分吃掉。結果他不但總吃爛蘋果，而且隨著時間的推移，一筐蘋果全都爛光了，再也不能吃了。

好的蘋果和爛蘋果放在一起，都會成了爛蘋果。我們應該把好蘋果與爛蘋果分開來，可以避免好蘋果被爛蘋果拖累，把好蘋果挑出來，把爛蘋果扔掉！如此的話，吃也吃得有滋有味、開開心心！

一個爛蘋果，如果不能被及時的發現並被剔除丟棄，就會爛了一大箱好蘋果，而且如果我們捨不得把爛蘋果扔掉，就像一顆老鼠屎會毀了一鍋粥，我們吃的將會一直都是爛蘋果，這就是著名的「爛蘋果效應」。

其實，「爛蘋果效應」用在我們人的身上也是相通的。不可諱言，每個人的個性都有優點和缺點，但是你如果不把缺點改善的話，你周遭的人就會漸漸將你的缺點放大，有一天終於淹過了你的優點（甚至忘了你到底有什麼優點），這就是心理學說的性格上的「爛蘋果效應」！

有開車或騎車的朋友都知道「引擎熄火，可以重新啟動」，如果你不重新啟動的話，你就到不了目的地（destination）。人生也是一樣，你過得好不好，你自己最清楚，如果你還有調整的空間，那為什麼不幫自己一把呢！

目錄 Contents

前言／004

第一章・自我認知
——日本有句諺語：「想要瞭解自己，最好問問別人。」／011
・人生就是一座舞台／013　・「那個人真是自我感覺良好！」／014
・何謂「自我意象」？／015　・「自我意象」左右你的一生／018
・打開「自我改善」的機制／020　・自我概念與鏡像效應／027
・鏡像效應的產生／028　・學校中的「鏡像效應」／031
・正確的「自我概念」形成更好的自己／033

第二章・成功的機制
——想像力是飛向成功的翅膀／035

・人類生來就具有想像力／036　・你的命運在自己的手中／042
・不要把想像力放在「不幸」的身上／044　・想像力的魔法師就是「我要！」／046
・心理圖像的奧秘／049　・「自我意象」是要幫你發揮自身的潛力／051

第三章・失敗也有不少好處

——失敗的好處是：可以讓人生重新洗牌／057
・人生的列車，過了這一站就沒那一站了／058　・在錯誤的信念中覺醒／060
・不可思議的催眠力量／064　・克服自卑的情結／067
・如何利用失敗機制／071　・理解是最好的醫生／073
・怎樣利用否定思維／087

第四章・您想成功，您準備好了嗎？

——你知不知道，你離成功到底有多遠？／089

・「成功」到底是什麼？／090　・「你」和「你的錯誤」不能畫上等號／104
・啟動你的成功機制／106　・開放創造性機制的五個原則／112

第五章・思維創造你的一生

——用觀念改變，不是用意志改變／119
・不要自尋煩惱／121　・忘掉過去，追求未來／124
・用觀念改變觀念，而不是用意志改變觀念／127
・用理性思維去決定做與不做／132

第六章・危機就是轉機

——危機往往在不經意間創造出活路／137
・只要活著，壓力就一直會存在／138　・讓「緊張」為你服務／146
・最糟糕的情況是什麼？／152　・你將會有什麼損失？／156
・再次啟動你的成功機制／158　・「必勝的感覺」贏得比賽／159

・大腦會記錄成功與失敗／162　・如何培養信心和勇氣／165

第七章・自我意象的整形

——拜託，不要從「自我否定」做起……／175

・別讓個性害了你／177　・解除壓抑的個性／187
・讓自己過得更美好／190　・自己進行精神上的美容手術／193
・情感上的整容使你煥然一新／201

第八章・命運是人生的一個偶然並非終結

——與命運爭吵的人，永遠無法瞭解自己／203

・生命力／204　・活動就是生命／208
・生活就是要向前看／209　・建立對生命力的更大需求／211
・退休後不要放棄生活／213　・我為什麼相信奇蹟／214
・快樂是人生最好的藥／216

第一章

自我認知

——日本有句諺語：「想要瞭解自己，最好問問別人。」

人生，對於能感受到的人是「悲劇」，對於會思考的人是「喜劇」。

上帝製造了驢子，對牠說：「你是頭驢子，從早到晚要不停地幹活，在你的背上還需要馱著重物，你的食物是草，你的生命將有五十年。」

驢子回答說：「像驢子這樣生活五十年太長了。求求您，親愛的上帝，最好不要超過二十年吧！」

上帝答應了。

上帝製造了狗，對牠說：「你是條狗，需要隨時保持警惕，守護在你最好的夥伴——人類和他們的住所。你吃的是他們桌上的殘食，你的生命為二十五年。」

狗回答說：「我的主啊！像狗這樣的生活二十五年太長了，請您改變我的生命，不要超過十年吧！」

上帝答應了這個要求。

上帝製造了猴子，對牠說：「猴子，你被懸掛在樹上，像個小丑逗鬧一樣令人發笑、令大家開心。你將生活在世上二十年。」

猴子眨眨眼睛回答說：「我的主啊！二十年的小丑生活簡直太長了，一點也不好笑啊！請您不要讓時間超過十年吧！」

上帝也答應了猴子的請求……

人生就是一座舞台

最後，上帝製造了人，告訴他：「人，要有理性地活在這個世上，用你的智慧掌握一切、支配一切，而人的生命為二十年。」

人聽完這樣回答：「主啊！人活著只有二十年太短了，您將驢子不要的二十年、狗拒絕的十五年和猴子放棄的十年，都一起賜予我好嗎？」

上帝同樣答應了。

正如像上帝所安排的那樣，人好好地活了開始的二十年，接著立業成家，如同驢子般背著沈重的包袱拼命地工作；然後猶如狗一樣認真守護著他的孩子，吃光他們碗裡剩下的食物；當人老的時候，他活著又像猴子一樣，扮演小丑逗樂他的孫子們——事情就是這樣的。

或許事情真的就是這樣，很多人就是這樣走過他們的一生，莎士比亞曾經說過：「這個世界的一切都是舞台，無論男的女的，每一個人都是自己人生的演員。」

「那個人真是自我感覺良好！」

在職場上，也許你會不經意地聽到這種抱怨，但看對方偏偏又是一副自信滿滿的神氣，簡直叫人討厭到極點！因為自我感覺良好的人，往往會將好事往自己身上攬，而將壞事推給別人，凡是不對勁的、不好的事，他都會切割得乾乾淨淨、一塵不染！

其實，這種人缺少的就是自我知覺，「自我知覺」是心理學家達里爾·貝姆提出的一種態度理論，說明人們透過觀察自己的行為，而認識了自己的態度。人們不僅在知覺他人時要通過外部特徵來認識其內部心理；同時也要這樣來認識自己的行為動機和思想意圖。

所謂「自我」都是一個人對於其本身個體存在、人格特質、社會形象所產生的一種自我認知、自我意識與自我意象。

何謂「自我意象」？

自我意象亦稱自我映像（self-image），為心理學概念，一般用來指一個人在內在的圖像。通常來講自我意象挺難改變的，它不僅是指能具體被他人觀察到的客觀事物（身高、體重、頭髮顏色、性別、智商、成績、社會地位等等），而且還指那人通過自身經歷或者評價他人而學到的一些事情。對於自我意象一個簡單的定義是對於問題「你認為別人怎麼看你」的回答。這個名詞原來是客觀的名稱，這個名詞本身並不是一種價值判斷。

研究證明：當人們對一個來自受刻板印象影響的群體做出評價時（如希臘人有數

學方面的天賦），人們得出的評價通常受到「自身的」自我意象影響。取決於自我意象的好壞，如果一個人是自信或自我肯定的，他／她很可能對一個有著刻板印象的群體做出一個較為正面的評價；反之當個人的自我意象受到挑戰或威脅，人們可能會給出更多帶偏見的評價。人們通常會選擇貶低他人來保持自身的尊嚴，在自我意象維持的過程中產生刻板的印象和偏見。

對自我意象的確立是十分重要的，其正或負傾向是我們的生命走向成功或失敗的方向盤、指南針。自我意象的形成有以下特點：

一、人的所有行為、感情、舉止甚至才能，始終與自我意象一致。每個人把自己想像成什麼人，就會按那種人的方式行事；而且，即使他做了一切有意識的努力，即使他有意志力，也很難扭轉這種行為。

二、自我意象是一個「前提」、一種根據。人的全部個性、行為，甚至環境都是建立在這個基礎之上的。如果一個人從心理上逃避成功、害怕成功，面對機會或挑戰時，他就可能畏畏縮縮，這樣，即使不是一個失敗者，也是一個平庸之輩。因為，在其自我意象裡已經有了失敗的自我意象。其實，只要改變一個人的自我意象，不管是企業家、商人或是教師、學生，其工作績效都會發生奇蹟性的變化。

三、自我意象是可以改變的。一個人難於改變某種習慣、個性或者生活方式，似乎有這樣一個原因：幾乎所有試圖改變的努力都集中在所謂自我的行為模式上，而不是意識結構上。很多人對心理咨詢感到意義不大，是因為他們想要改變的是特定的外在環境或者特定的習慣和性格缺陷，而從來沒有想到改變造成這些狀況的自我認識。

「自我意象」是人類個性和行為的基本關鍵。只要改變自我意象就絕對能改變人的個性和行為。

但這還不是全部。「自我意象」決定了個人成就的界限。它決定你能做什麼和不能做什麼。擴展自我意象，你就能擴展自己才華的「潛在領域」。發展適當的自我意象能使個人富有新的能量、新的才華，並最終使失敗轉變為成功。

「自我意象」左右你的一生

實際上，「心理意象」也許它根本無法有意識地進行認識。可它卻是存在的——既完整又詳細。這一「自我意象」就是「我屬於哪種人」的自我觀念，它建立在我們的自我信念之上。但是，絕大部分自我信念都是根據我們過去的經驗、我們的成功與失敗、我們的屈辱與勝利、以及他人對我們的反應，特別是根據童年的經驗而不自覺地形成的。根據這一切，我們在心裡造成了一個「自我」（即自我映象的本質）。就我們自己來說，一旦某種與自己有關的思想或信念進入這幅肖像，它就會變成「真實的」。我們不會去懷疑它的可靠性，只會根據它去活動，就像它的確是真實的一樣。

理解自我心理學就能區別成功與失敗、愛與恨、痛苦與樂觀。它能發現真正的自我，能挽救瀕臨破裂的婚姻，能重振一蹶不振的事業，能改造「個性失敗」的犧牲者。另一方面，發現真正的自我，可以決定你保持獨立自由、還是屈就順從。

「自我意象」真正的奧秘是：要想真正地「生活」，也就是使生活得到合理的滿足，你必須有一個適當的現實的自我意象伴隨著你。你必須能接受自己。你必須有健全的自尊心。你必須信任自己。你必須不以自我為恥。你必須隨心所欲地、有創造性地表現自我，而不是把自我隱藏或遮掩起來。你必須有與現實相適應的自我，以便在一個現實的世界中有效地發揮作用。你必須認識自己——包括你的優點和弱點，並且誠實地對待這些優點和弱點。你的自我意象必須合理地近似於「你」本人，不能多也不能少。

當這個自我意象完整而穩固的時候，你會有「良好」的感覺。如果它受到威脅，你會感到憂慮和擔心。當它適應於你而且可以引為自豪時，你會感到自信。你會自由地作為「你自己」而存在，並且表現你自己，你會適當地發揮作用。如果它成為恥辱的對象，你就會把它隱藏起來、不讓它有所表現，創造性的表現也就因此受到阻礙，你就會心懷敵意，無法與人相處。

如果臉上的傷疤能夠加強自我意象（因為光榮的決鬥），自尊和自信也會隨之增強。如果臉上的傷疤損害自我意象（因為不幸的車禍），自尊和自信也隨之消失。

我們相信：我們每一個人內心所真正需要的正是更豐富的人生。

幸福、成功、寧靜，或者你心目中的崇高目標，在本質上都是從豐富的生活中體驗到的。我們體驗到幸福、自信、成功的飽滿的感情時，我們就是在享受豐富的生活。當我們落魄到壓制自己的能力、浪費我們的天賦本能，使自己蒙受憂慮、恐懼、自我譴責和自我厭惡的程度時，我們就完全扼殺了我們可以利用的生命力，背棄了造物主所賦予我們的才華。不過，生為一個人，我們每個人都有一種「生命本能」，它是為了創造健康、幸福、美好的生活而存在的。當我們遇到困頓或阻礙時它就會啟動「自我改善」的機制了。

打開「自我改善」的機制

以下是摘錄自高明智先生發表的「自尊與自我改善行動與建議」——

影響自信自尊的主要因素有下列十六項，針對你分數最低的三到四項，能夠訂定出具體的行動計劃。確實練習、執行一段時間，大約三個月到半年後，你的自信自尊必有顯著的改善。

每一項有一些建議，可以提供您作為建立自己的信念與改善計劃的參考。

一、自信自重

1．我接受現在的我，我可以滿意現狀，也可以變得更好。

2．我可以靠自己的努力，獲得別人的尊敬。

3．我很喜歡我自己，我覺得自己很重要。

4．多學一些興趣技能例如插花、語言、舞蹈、烹飪、運動，會增加自信心。

5．多做志工，多參加社團，多助人也可以增加自信。

二、樂觀積極

1．下定決心以後，不要怕失敗，堅持到底就會成功。

2．事情有正反兩面，可以多看看正向的一面，練習去發現希望與機會。

3．保持對人與對事的熱忱，經常盡最大努力將事情做好。

三、健康體魄

1．立刻訂出一套讓自己身體狀況保持良好狀態的計劃，然後努力執行。

2．自我要求，每天運動15～30分鐘以上，每天排汗，保持身體活力與健康。

3．執行安心睡、健康吃、快樂做、歡喜笑的計劃，維持身心舒暢。

4．聽自己喜歡的音樂，做瑜伽、打坐、打球、游泳、爬山，放鬆心情。

5．三好破三災，多讚美，多素食，多祈福，多給自己祝福，面對問題不逃避。

四、生涯方向

1．找出自己喜歡的是什麼，你可以去做一個工作價值觀測驗，或是好好思考。

2．確認你目前是在你可以有最佳表現的情境與環境中工作，如果是，恭喜你。

3．如果不想或不需換工作，記得，喜歡你做的工作比做你喜歡的工作重要。

五、社交能力

1．適度的關心與接受新興的社會趨勢，可以讓你更輕鬆自在，讓你更受歡迎。

2．朋友相互扶持與相互讚美是必要的，打個電話或寫個Mail給你的好朋友。

3・真心的與人交往，好東西與好朋友分享，只求付出不求回報的感覺真好。

六、情緒能力

1・EQ商數就是：他人情緒、自我情緒、人生態度。

2・多正向思考，當有需要的時候，我會主動尋求別人的協助而不覺得羞愧。

3・EQ就是在適當的時間、地點、用適當的方式、對適當的人表達情意。

4・你可以試著對於家人或同事表達你的感謝或讚美，多看別人的優點。

5・試著以我覺得表達你對事情的感覺，先陳述發生的事情，再講出你的感覺。

6・練習將心比心的同理心，多看書，多靜思，確實做好善解與包容。

七、自我負責

1・從今天起，對自己的想法與行為負責任，堅決做一個受人信賴的人。

2・珍惜自己的羽毛，即使沒有人看到，也不要讓自己做任何不該做的事情。

3・自我紀律就從遵守交通規則開始吧，服從社會與團體的規範讓社會更祥和。

八、承擔風險

1．離開自己的舒適區，嘗試創新，接受一些平常不敢接受但可以來做的挑戰。
2．先鍛鍊好體能與專業，然後可以尋求高難度的挑戰，向自我的極限挑戰。
3．多練習面對自己，面對問題，面對衝突，接受變化，收集資訊，解決問題。
4．專注於自己的目標、夢想、誠心正念，可以安心前進，不受外界影響。
5．接受諸行無常，失敗是正常的觀念，心中自然不會害怕恐懼，更加自在。
6．多登山、攀岩、泛舟、越野慢跑可以增加冒險承受度。
7．多上台、多發表觀點、多接觸人群可以增加風險承受度。

九、目標決心

1．環境變化快速無常是自然的法則，唯有輕鬆自在的心可以泰然面對。
2．給自己設定一個具體可行的目標，有方向的人做事時心中始終感到踏實。
3．目標既定後，決心要堅毅，挫折是上天的禮物，只要走對路，就不怕路遠。

十、儀表形象

1．接受自己的相貌，膚色，頭髮顏色，身材，相信健康就是美。

2．即使自己不小心犯錯，可以開自己的玩笑，讓自己也讓別人更喜歡你。

3．注意時尚雜誌或尊敬的人，學習如何穿著打扮，在各種場合穿著打扮得宜。

十一、表達演說

1．平常就做好練習與準備，當需要發表演說時你就可以輕鬆的在人前演講。

2．有機會就學習如何在眾人面前演說的技巧，可以在朋友或家人面前練習。

3．試著喜歡在眾人面前演說並獲得大家肯定認同的感覺，試試看吧！

十二、專業技能

1．保持不斷接受教育與學習的好習慣，重視實際需求與成長勝於文憑與形式。

2．想辦法讓自己的專業知識提升，達到足以勝任現在甚至未來的工作。

3．主動的閱讀，養成上圖書館、書店、上網、聽演講、上課、做筆記的習慣。

十三、平衡人生

1．檢視目前的工作與生活是否處於一種非常均衡合諧，讓自己滿意的狀態。

2．訂定一個行動計劃，讓自己朝向一個均衡合諧的人生方向發展。

3．撥一點時間去做那些很重要卻沒有做好的事，讓自己身心獲得應有的平衡。

十四、心靈信仰

1．多發好願，多說好話，多做好事，多付出，你就會多成就。

2．讓自己有一個的正確信仰、將自己重要的信念付諸行動，讓自己感到安心。

3．每天祈禱擁有一個祥和的社會，一個真善美聖的世界，你的心靈會更純淨。

十五、團隊能力

1．傾聽他人的聲音，喜歡不同意見的討論，學習包容，直到獲得共識。

2．欣賞別人，跟別人說話時，以正面接觸別人的眼光。

3．對自己的計劃或事情負責任，在團隊中一切以大局為重。

十六、領導能力

1．練習領導好一個團隊，也學習做一個好的被領導者。

2．關心每個人，尊重每一個人，接受別人的意見。

3．團隊的修練就是要合心、和氣、互愛、協力。

——記得將你的「自我改善」計劃寫下來，定期檢驗自己，並確認改善的進度。

自我概念與鏡像效應

心理學上有一個「鏡像效應」是對「自我認知」做了最好的詮釋。「鏡像效應」其含義是：在自我意識心理學中，人們把由於別人對自己的態度猶如一面鏡子能照出自己的形象，並由此而形成「自我概念」的印象，這種現象稱之為鏡像效應。這個效應來自庫利的「鏡中我」理論。

美國心理學者庫利指出，所謂「鏡中我」是指人們通過觀察別人對自己行為的反應而形成自我概念。每一個人對於別人來說猶如一面鏡子，反映出它面前走過的別人，這正如人們可以在鏡子裡看到自己的面容，身材和服飾一樣。個體在想像他人心目中關於自己的行為、態度、性格等，也會時而高興時而悲傷。可見，鏡中自我就是他人對自己所作的評價與判斷時所形成的自我概念。這正如庫利所說的「人與人之間相互可以作為鏡子，都能照出他面前的人的形象。」

鏡像效應的產生

為什麼會發生鏡像效應呢？其主要原因有如下幾點：

1．社會化的結果

社會化的結果，特別是「首屬群體」的影響。一個人來到社會後與身俱來的只是生物人，這種生物人要變成思想情感等豐富的社會人，必須經過社會化，而這種社會化主要就是個人在社會生活實踐中通過與他人、群體與社會之間的互動影響，從而成為合格社會角色的過程。其中影響最大最早的群體就是首屬群體，如狼孩的首屬群體是狼群，社會化的過程是狼群「社會化」的過程，其結果在狼孩大腦中只能形成自我的狼孩概念。但對絕大多數人來說，首屬群體是家庭，家庭中父母是重要的影響人物。庫利所言的「鏡」，也是各色各樣的，其中形成「鏡中我」最為重要的「鏡」是家庭，有些鏡子就不屑一顧了。

2·個體對「鏡子」的認知與評估作用

個體對「鏡子」的認知與評估作用。正如上述所言的，個體只對重要的「鏡子」做出反應，而對一些不重要的「鏡子」便會做出忽略不計的反應，使之不能進入「自我」。這就是說，從他人鏡中反映出來的我，只有經過生理我、本我、或已有自我的想像、評價，才會被「自我」所接受，形成「自我概念」。可見，「鏡子」雖然重要，但如何照、如何看也很重要。可以說，「鏡中我」並非個體所照看到的「我」，已被原有「自我」解讀過的「我」。

3·「鏡中我」還與「鏡外我」

「鏡中我」還與「鏡外我」的地位、身份、名譽等有關。按理說，鏡中我與鏡外我應是一致的，但是鏡中我經過這面鏡子一照，就有了許多光的折射，使鏡外我變形，但個體不通過鏡子自己又無法看到鏡外我，即使能去看（如反省、反思等），但也會受到其他因素（如原有的自我、經驗、認知結構等）的影響，也無法真正看到鏡外的我。因此，唯一的方法就是用許多面鏡子來照，這樣全方位的照看，會使鏡中我與鏡外我逐漸融合。上述可見，「鏡外我」的地位、身份、名譽等會對鏡像效應產生重要的影響。

學校中的「鏡像效應」

學校導學育人中也有鏡像效應的存在，而且在如何正確認識自己並形成正確的自我概念中起很大的作用。學校教師對此應重視這一效應的管理。

下列對策應引以注意運用：

1．教師要有正確的自我概念

如何來形成呢？應注意如下幾點：

一、是要站到全方位的照鏡子的位點上去照看。在同一鏡子前照鏡子，你站的方位不同，就可能鏡中我不一樣，因此，不妨全方位地進行照鏡。

二、是變換角色地照照鏡子，鏡中我是否會發生變化。

三、是多幾面鏡子照照，看看鏡中我是否還是一樣。

通過以上的照鏡子就可以比較正確地形成自我概念。這就是說，學校教師不要只站在教師崗位上照鏡子，也要站在學生的位置上去照鏡子。學校教師不僅要聽學生幹部的反映，同時還要聽一般學生的意見，不僅要聽好的意見，同時也要聽不同的意見，哪怕是反對的意見也要聽。學校教師不僅要直接聽取學生的意見，還要聽取來自於諸如設立的「教師信箱」、「張老師熱線」等間接的反映。所有這些都能有效地拋棄「鏡像效應」的消極作用，使自己能從各個側面、各個層面看到自我的真實面貌，從而形成正確的自我概念。

2．教師要正確的認識鏡子作用

重要的是要產生積極的鏡像效應。因為再努力克服也難以避免鏡像的消極效應。

因此，在這種消極效應不可能完全消除時，只能儘量地減少這種效應，不使它消極作用發展得很嚴重。但是，也沒有必要人為地去減低這種效應的影響，而去損壞班級的其它一些更重要的工作，這樣是得不償失的。因此，學校教師只要知道並時時刻刻告誡自己鏡像效應的存在，就有可能建立一種內心的警覺來防止鏡像效應的消極作用。同時，也要把上述的方法教給學生，使他們也能形成正確的「自我概念」。

正確的「自我概念」形成更好的自己

如何來形成更好的自己？應注意如下幾點：

一、是要站到全方位的照鏡子的位點上去照看。在同一鏡子前照鏡子，你站的方位不同，就可能鏡中我不一樣，因此，不妨全方位地進行照鏡。

二、是變換角色地照照鏡子，鏡中我是否會發生變化。這就是說，不要只站在一個角度上照鏡子，也要站在不同的角度上去照鏡子。作為我們個體不僅要聽好的意見，同時也要聽不同的意見，哪怕是反對的意見也要聽；使自己能從各個側面、各個層面看到自我的真實面貌，從而形成正確的自我概念。

通過鏡子能使自己快速地形成自我概念。但鏡子往往並不能如實地照看客觀的我。因為不同的鏡子會有不同的反應。有的鏡子帶有顏色；有的鏡子是凹鏡，有的鏡子是凸鏡等，儘管都是同一人站在前面，但反映出來的鏡中我是不一樣的。因此，我們當面對「鏡子」（他人或群體反饋時）一定要注意群體或他人對自己的態度出於何種動機，他們這面「鏡子」是否染過色、變了形，這對我們形成正確的「自我概念」實在太重要了。古代君王的「偏聽則暗、兼聽則明」就點出了個中的真諦。因此，照鏡子時不要盲目地拿來就照，首先要對鏡子加以認知、評估，並儘量多用幾面鏡子照照，照出真正的自我來。

第二章

成功的機制

——想像力是飛向成功的翅膀

前面說過，人在遭遇到困頓或阻礙時，就會啟動自我改善機制，也就是會自動打開通往成功方向的按鈕——成功機制。

剛在海灘孵化的小海龜，就會自發性地跌跌撞撞奔向大海。

北美的野牛遇到了狼群，由大野牛帶頭會自動形成成一個防禦圈子！

螞蟻過冬前，會全體辛勤地搬運儲糧往蟻穴儲存……

這些都是動物的生存本能，也就是適應環境的成功機制。

人類生來就具有想像力

可對於人來說，「生存」不僅僅意味著活下來。人具有某些情感和精神的要求，那是動物所不具有的。因此，「生存」對於人來說，超過了肉體的存在與種族的繁衍，還需要某種情感和精神方面的滿足。人的內在「成功機制」的內涵也比動物的要大——除了幫助人躲避或戰勝危險，除了產生「性本能」幫助種族繁衍外，人的內在成功機制還能幫助他解難答疑、發明創造、文學藝術、商業管理、銷售技術以及探索新的科學領域、求得心境的安寧，發展良好的個性，並在與他的「生存」或者追求美滿生活的其它一切活動中取得成功。

動物不能任意選擇目標。它們的目標（自我保護和繁衍）可以說是既定的。它們的成功機制也僅僅限於這些既定的對象，這也就是我們所說的「本能」。

相反地，人具有動物所沒有的東西——創造性想像力。因此，人作為萬物之靈不僅僅是一個被創造者，而且是一個創造者。因為人可以利用大腦的想像力來創造不同的目標、設計各種成功機制。就如同拿破崙所說的「想像力統治世界」，人也可以用想像力來創造自己！

每個孩子都有一副想像力的翅膀，要讓它飛翔到寬闊的藍天上。

老畫家約翰有一個六歲的孫女依莉莎。依莉莎也喜愛畫畫。

依莉莎畫了一棵樹。

老約翰說：「依莉莎，妳畫的樹不對。」
依莉莎說：「怎麼不對呢？」
老約翰說：「樹枝不對。」
依莉莎說：樹枝怎麼不對呢？」
老約翰說：「樹枝怎麼能比樹幹粗呢?那就不是樹了。」
依莉莎說：「不是樹，你怎麼說是樹呢？」
老約翰無話可說了。

依莉莎畫了一隻小兔子。
老約翰說：「依莉莎，妳畫的那小兔子不對。」
依莉莎說：「怎麼不對呢？」
老約翰說：「兔子有紅色的嗎？」
依莉莎說：「兔子怎麼會沒有紅色的呢？」

老約翰說：「妳見過紅色的兔子嗎？」
依莉莎說：「沒見過的就沒有嗎？」
老約翰說：「那就不是兔子了。」
依莉莎說：「不是兔子，你怎麼說是兔子呢？」
老約翰又沒話說了。

依莉莎畫了一匹馬。
老約翰說：「依莉莎，妳畫的那馬不對。」
依莉莎說：「怎麼不對呢？」
老約翰說：「馬有翅膀嗎？」
依莉莎說：「馬沒有翅膀。」
老約翰說：「那妳為什麼給馬畫了翅膀呢？」
依莉莎說：「我想讓馬長出翅膀來。」

老約翰說：「那就不是馬了。」

依莉莎說：「不是馬，你怎麼說是馬呢？」

老約翰答不出來了……

「想像力」說穿了就是人類的創造力，也是人類成功機制的魔法師！

萊因博士說：「我們已經發現，人類有一種超越感覺功能的求知力，這種超感覺的能力可以使我們獲得確切客觀知識和近似的主觀知識——對於事物的認識和很可能是對於心靈的認識。」

據說，舒伯特曾告訴他的一個朋友，他的創作過程就是「回憶起」他自己和別人都不曾想到過的一支曲子。

很多創造性藝術家同研究這種創造過程的心理學家一樣，對於創造性靈感、突然的啟示，直覺和一般人的記憶所具有的相似性有著深刻的印象。

尋求一個新的觀念或回答一個問題，實際上非常類似於追憶一個你所忘卻的名字。你知道有那麼一個名字，否則就不會搜尋記憶。大腦中的掃描機就在儲存的記憶中掃描，直到「認出」或「發現」所需要的名字為止。

我們尋求一個新的觀念或者解答一個問題，也要運用同樣的方式。我們必須假定答案已經在某處存在，然後動手去發現它。

諾伯特．威納爾說過：「科學家動手解決一個確實有答案的難題時，他的整個態度就改變了，他實際上已經找到了一半答案。」

科學已經證實了哲學家、神秘主義者和其他直覺主義者的一貫主張：任何一個人都會由他的主宰「指引著走向成功」，任何一個人都有大於自身的力量，這就是「你自己」——正確的說是「你自己的潛力」。

正如愛默生所說過的：「人無所謂偉大或者渺小。」

如果你被指引著走向成功和幸福，那麼，你以前那種十分「謙卑」的、不敢奢望幸福或是老想注定會失敗的自我意象，必然是錯誤的「胡思亂想」。

你的命運在自己的手中

鬱鬱寡歡的失敗型個性不能依靠純粹的意志力或者勉強的決心，去發展新的自我意象。人必須要有理由、有證據確認舊的自我意象是錯誤的，因而要發展相應的新的意象。你不能僅僅想像出一個新的自我意象，除非你覺得它有事實為依據。

經驗表明：一個人改變自我意象時，他會覺得由於某種原因才「看到」或者「認識到了」——他的本來面貌。

在人生困頓的時候，有些人常常會懷疑自己的信仰，埋怨自己心中的神，卻不去探討「一切操之在我」的哲理。

一個禪師經常和眾人談到「命運」這個詞，一個忠實的聽眾一直堅信著「命運」的說法，所以他每天都在盼望著生命會發生奇蹟。

他心裡想，既然有命運，那麼一切都由命運來安排吧。

然而，年復一年，他的生活一直是平庸的，沒有輝煌和光明，只有灰暗和貧困。

他想，難道是自己的命運注定如此嗎？

於是，他帶著疑問，去拜訪禪師，他問禪師：「您說真的有命運嗎？」

「有的。」禪師回答。

「但我的命運在哪裡？是不是我的命運就是黯淡和貧窮呢？」他問。

禪師就讓他伸出他的左手指給他看說：「你看清楚了嗎？這條橫線叫做愛情線，這條斜線叫做事業線，另外一條豎線就是生命線。」

然後，禪師又讓他跟自己做一個動作，他的手慢慢地握起來，握得緊緊的。

禪師問：「你說這幾根線在哪裡？」

那人迷惑地說：「在我的手裡啊！」

「那，命運呢？」禪師笑著問他。

「啊！」那人驚呼一聲，恍然大悟，原來命運一直都在自己的手裡。

所以，你的成功機制也在你自己的自我意象之中，如果你已下定決心要來改變自身，那麼——

一、你的成功機制要有一個明確的目標！

二、因為有成功機制的目標啟動，就會達到你要的目的。

三、不要害怕自己會犯了錯誤。

四、成功就是不斷從糾正自己的錯誤中得來的。

五、信任自己的決定，信任自己的創造性機制。

愛默生不是說過：「付諸行動，你就會得到力量！」

不要把想像力放在「不幸」的身上

有個人老是嫌自己的臉部、眼睛太小了，鼻子不挺、嘴巴太大了……其實，這哪是缺點，只要把精神養好一些，不熬夜他的眼睛也可以睜得大大的，鼻子雖然有點勾，可也是屬於古希臘鼻，至於嘴巴大了些，現在不正流行嘴闊吃四方嗎？說句真話，他的長相並不奇怪，也不醜陋；因為也從來沒有人因為他的外表而嘲笑他，是他自己的想像，摧毀了他的自我意象。

他的苦惱純粹是他的幻想而造成的。這種幻想在他的內心形成一套自動的、否定的、失敗的機制，它全速開動著，將他的不幸推到極點。可喜的是，他跟心理醫生談過幾次以後，在他的家庭的幫助下，他能夠逐漸認識到他的想像力要對自己的處境負責。後來，他終於運用創造性想像而不是毀滅性幻想，建立起一個真正的自我意象，獲得了必要的自信心。

一個人的反應、感覺和行動永遠依照他對自己和環境的真實想像來進行。這是心靈的一個根本的原則，是我們存在的方式。

你的行動與感覺並不依照事物的本來面目，而是依照你對這些事物所持的意象。對於你自己、你的世界和你的周圍的人，你都會產生特定的意象。你的表現也以你所認為的真相和現實為依據，而不是以事物本身代表的現實為依據。

因此，如果我們對自己的觀念和意象是扭曲的和不現實的，那麼，我們對周圍環境的反應也會隨之變得不恰當了。

想像力的魔法師就是「我要！」

既然認識到我們的行為、感覺和舉止是我們的意象與信心的結果，我們就有理由說：心理學永遠是改變個性的一種學問。

它為獲得技巧、成功和幸福開拓了一條心理上的新途徑。

心理的圖像給我們提供一個機會，把新的優點和方法「付諸實踐」，而這是其它任何方法都辦不到的。這種可能性還是原來那個道理——你的神經系統無法區分實際的經驗和生動地想像出來的經驗。

如果我們想像自己以某種方式行事，幾乎也就是實際上在這麼幹。心理實踐可以幫助我們的行為臻於完美。

通過一個人為控制的實驗，心理專家證明：讓一個人每天坐在靶子前面想像著他對靶子擲飛鏢，經過一段時間之後，這種心理練習幾乎和實際擲飛鏢練習一樣，能提高擲飛鏢的準確率。

連續三年在城市盃籃球賽中只得到第二名的A學園，今年捲土重來，教練展開的是和過去一樣的例行訓練，只不過最後兩週要球員們加入一句話，只要球員彼此交談或教練問答，都必須把「我要冠軍盃」這句話放在最前面，兩週之後比賽結束，他們也把那句話帶回來了——冠軍盃。

查理．羅素在《每年如何推銷兩萬五》一書中講到底特律的一票推銷員利用一種新方法使推銷額增加了百分之一百。紐約的另一票推銷員增加了百分之一百五十，個別推銷員使用同樣的方法使他的推銷額增加了百分之四百。

「使推銷員們取得如此成就的魔法究竟是什麼？」

「是所謂的扮演角色。……不過就是想像你處於各種不同的銷售情況，然後再找出方法，直至在實際情況下出現各種銷售情況時你知道該說什麼、該做什麼為止。

「推銷員之所以能取得好成就，原因在於他不過是善於處理不同的情況。

「每次你同顧客談話時，他說的話、提的問題或反對意見，都是一種特定的情況。如果你總是能估計到他要說什麼，能回答他的問題、處理他的反對意見，你就能把貨物推銷出去……

「一個扮演角色的推銷員，晚間一人獨處時，也會製造這種情況。他會想像出對他最刁難的情況，然後想出相應的對策……

「不管是什麼情況，你都可以先有所準備，你想像自己和顧客面對面地站著，他提出反對意見，給你出各種難題，而你卻能圓滿地加以解決。」

著名的職業高爾夫球運動員強尼·布拉幾年前在一篇文章裡寫道，在心裡有一幅清晰的圖像、想像出你要高爾夫球落到什麼地方以及怎樣滾動，比高爾夫球的「形式」技巧更為重要。布拉說，絕大部分職業球手在他們的形式技巧中都有一個或幾個嚴重的缺陷，然而他們都能打好高爾夫球。

根據布拉的理論，如果你想像出結果——「看到」球按照你的意願滾動，並且自信你「知道」它會服從你的意願，你的下意識會承擔任務，正確地指揮你的肌肉。如果你握桿的方法有毛病，腳也沒有站成最好的姿勢，你的下意識仍然能盡到責任、指導你的肌肉進行必要的補償，從而克服形式上的錯誤。

心理圖像的奧秘

自古以來，成功的男子和女人都是運用「心理圖像」和「排練實踐」來獲得成功的。比如說，拿破崙在參加實際的戰爭之前，曾經在內心想像中「演習」了多年的軍事。韋伯和摩爾在《充分利用人生》一書中告訴我們，「拿破崙在上學的時候所做的閱讀筆記在付印時竟達滿滿四百頁之多。他把自己想像成一個司令，畫出科西嘉島的地圖，經過精確的數學計算後，標出他可能布防的各種情況。」

康拉德．希爾頓在擁有一家旅館之前，很早就開始想像自己在經營旅館。當他還是一個孩子的時候，就常常「扮演」旅館經理的角色。

亨利・卡維爾被稱為是最瀟灑公爵，他說過，他在事業上的每一個成就實現之前，都在他的想像中先實現過。

難怪人們過去總是把「心理意象」的藝術與「神奇魔法」聯繫起來。

不過，新的科學控制論使我們瞭解心理意象產生這種驚人後果的原因，並且證明，這些後果並不是什麼「魔法」，而是我們心靈和大腦自然而正常的功能。控制論把人的大腦、神經系統和肌肉組織看作一套高度複雜的「伺服機制」（一部自動尋求目標的機器，運用自動反饋和信息儲存為手段）指導自己通向目標，並在必要時自動糾正方向。

做一件事情時，不要過分地用有意識的努力或鋼鐵般的意志力，也不要過分擔心、心裡老覺得你所作的一切都可能是錯誤的。你應當放鬆神經，不要用緊張的力量來「幹這件事」，而是在心裡想著你真正要達到的目標，然後「讓」你的創造性成功機制來承擔任務。

這樣的話，心裡想著你要得到的結果，最終將迫使你運用「積極思維」。但是你並不能因此就不作努力或不幹工作，你的努力要用來驅使你向目標前進，而不是糾纏在無謂的心理衝突之中。這種心理衝突的結果是在你「想要」或者「嘗試著」做某一件事時，內心裡想像的卻是其他事情。

同樣是這個內在創造性機制，它能夠幫助你達到最佳「自我」——如果你在想像中對你所希望的自我形成一個圖像，並且「看到自己」扮演這個角色的話。除了治療的方法之外，這也是改變個性的一個必要條件。無論如何，在一個人有所改變之前，他一定要「看到」他將要變成的那個新角色。

「自我意象」是要幫你發揮自身的潛力

自我意象心理學的目的並不是要創造一個虛構的自我，一個無所不能、自高自大、以自我為中心、目空一切的自我。這種自我與渺小的自我一樣不切實際。我們的目的是發現「真正的自我」，使我們的心理意象更接近「它們所表現的客體」。

不過，心理學家普遍認為，我們絕大部分人都低估了自己，很少改變自己，也就貶低了我們自己。實際上並沒有什麼「自我優越情緒」存在。自以為有「自我優越情緒」的人，實際上受著自卑感的煎熬——他們的「優越的自我」是一種虛構，一種掩飾，把他們內心深處的自卑感和不安對別人和對自己隱瞞起來。

如何才能瞭解自己的本相？如何才能做出正確的評價？

威瑟爾海德博士說，「如果我們在心裡把自己想像成被恐懼包圍，沒有鬥志的末等角色，我們必須立即拋棄這幅圖像，堅定地抬起頭來。這是一幅錯誤的圖像，錯誤必須加以根除。上帝把我們看成能夠完成偉大業績的兒女，相信我們沈著、自信和開朗。上帝不把我們看作生活中可憐的犧牲品，而是生活的藝術大師。我們不需要憐憫，相反，我們能給別人以幫助。所以，我們越來越少地考慮自己，充滿內心的不是關注自我，而是愛和歡樂，是為別人做貢獻的欲望……讓我們正視真正的自我，它在我們相信它存在的那一刻就真正存在了。我們必須認識改變的可能性，相信處在改變過程中的自我。舊的失敗感必須清除，它是錯誤的，而我們不應該相信錯誤。」

你不妨在自己的自我圖像，描繪一番情景：

「在你心靈的眼睛前面長期而穩定地放置一幅自我肖像，你就會越來越與它相近。」哈利·愛默生·佛斯迪克博士說：「生動地把自己想像成失敗者，這就是以使你不能取勝；生動地把自己想像成勝利者，將帶來無法估量的成功。偉大的人生以你想像中的圖畫——你希望成就什麼事業、作一個什麼樣的人——作為開端。」

你目前的自我意象是根據你想像中的那個過去的自我而形成的。過去的自我肖像又是你對經驗所作的解釋和評價。過去你曾用某種方法繪製出一幅不準確的自我肖像，現在你可以用同樣的方法繪製一幅非常準確的。

每天騰出三十分鐘時間，獨自一人，排除干擾，盡量放鬆自己，使自己感到舒適，然後閉上眼睛，鍛煉你的想像。很多人發現，如果他們想像自己坐在一幅寬銀幕前面，正在觀賞自己演出的電影，就會得到很好的效果。重要的是使這些畫面盡量生動和詳細。你希望你的心理畫面盡可能接近實際的經驗。要達到這一點就要注意小的細節，注意你想像的環境中的景象、聲音和物體。我有一位患者曾經用這種鍛煉來克服她拔牙時的恐懼，一開始她沒有成功，後來她開始注意想像中的細節——診所裡的消毒水氣味兒，觸及到椅子扶手上皮革的感覺，醫生的手伸到她嘴邊時露出的那副修剪得很整齊的指甲，等等。在這項練習中，想像的環境中的各個細節是至關重要的，因為要考慮實際目的，你必須創造一個實際的經驗。如果想像得足夠生動和詳細，那麼，就你的神經系統而言，你的想像訓練就相當於一次實地的體驗。

需要記住的另一個要點是，在這三十分鐘內，你要看到自己的行動和反應是適當的、成功的、理想的。你昨天的行為如何，這無關緊要，你也不必想著明天會有理想的行動。你的神經系統到時候自然會負起責任——如果你堅持練習下去的話。想像你在按照你希望的那樣行動、感受「存在」。如果你一向羞怯和畏縮，想像自己在大庭廣眾下輕鬆而鎮定地活動——並且因此而感到舒服。如果你在某種情況下恐懼和焦慮，想像你輕鬆自如地行動，有信心有勇氣——並且因此而感到開朗和自信。

這種練習在你的中腦和神經中樞系統建立起新的「記憶」或者存儲數據。它建立一個新的自我意象。在練習過一段時間後，你會驚訝地發現，你的行為「完全不同」了，多多少少有一些自動和自發性——「毫不費力」，這是必然的。你不必「進行思考」或「努力」達到無效的感覺和不適當的行為。你目前不適當的感情和行為是自動的和自發的，因為你在自動機制裡建立的真正的和想像的記憶本身就是不適當的。你會發現，自動機制不管接受肯定的還是否定的思想與經驗，都會自動地進行工作。

第三章

失敗也有不少好處

——失敗的好處是：可以讓人生重新洗牌

為什麼你不敢將理想付諸行動？是因為覺得為時已晚，還是終將失敗？

昨天我遇見一對來自中西部的退休夫婦。他們對奧勒岡的海岸讚不絕口。

「這片海灘多令人神往啊，」老婦人說道：「可惜我們十年前沒下決心在這兒買一幢別墅。」

「現在你覺得太晚了？」我問道。

「是啊，那時買會便宜得多呢！」

我不知他們是不是寧願守著一塊並不喜愛的地方生活，而不願意嘗試一下冒險與挑戰？如果我和他們很熟的話，一定會勸他們勇敢地去嘗試。

人生的列車，過了這一站就沒那一站了

曾有人說過，多數人是在失望中聊以終生的。可是在期盼中度過一生，豈非更有意義？你所需付出的僅是對生活態度有意識的改變。

曾見過多少人感慨：「要是早點……生活就會大不同了！」並大談他本來會怎麼怎麼改變生活的——然而，他們最擅長的卻是空談。

多年來我一直參加各類比賽，以此作為消遣，也曾建議朋友們去嘗試，因為從中能獲得意想不到的樂趣。當一位朋友看到我贏得第四架寶麗來相機時，她感嘆道：「唉，可惜我永遠不屬於那類會成功的人。」

我建議：「為什麼不改變一下妳對生活的態度？有時候必須嘗試去做，並堅信自己會成功啊！」

這個女友以前從不給我打長途電話。

上週的一天，我突然接到她的電話：「你猜怎麼了？」她朝著話筒嚷道：「我下決心改變自己的態度，所以看到比賽通知就立即報了名，並相信一定能贏！」說到這兒，她激動得有些氣喘：「他們通知我獲獎了，所以我破例打長途告訴你——你的生活哲理真靈！」我欣慰地笑了。

你是否注意到失敗者總是樂於與失敗為伍，他們由此得到寬慰。我的看法是如果你想成功，去追尋成功人士的足跡吧！

我在課堂上一直鼓勵學生們去追求自己的夢想，對任何事情充滿熱情，最重要的是擁有對生活的信念。

要記住：別耽擱，只要馬上行動，現在開始還為時不晚——失敗並不可怕，失敗的好處是：人生是可以重新洗牌的！

在錯誤的信念中覺醒

著名的奧地利精神分析專家，同時也是個體心理學的創始人阿德勒博士在他小時候有過一次體驗，可以說明信念對行為與能力具有強大的影響。他剛開始時算術學得很糟糕，老師深信他「數學腦子遲鈍」，就把這一「事實」告訴家長，讓他們不要對兒子期望過高。

他的父母也信以為真。阿德勒被動地接受了他們對自己的評價，而且他的算術成績似乎也證明他們是對的。

但是，有一天，他心裡閃過一個念頭，覺得自己忽然解出了老師在黑板上出的一道其他人都不能解答的難題。他就把自己的想法對老師說了。老師和全班學生哄堂大笑。於是他憤憤不平地幾步跨到黑板前面，把問題解了出來，使在場的人目瞪口呆。

經過了這件事後，他認識到他可以學好算術，對自己的能力有了自信，後來成為一個數學成績出類拔萃的學生。

有一位很成功的企業家，有一次接受他所在的城市大學的邀約去做一次對畢業生的演講，不幸的是演講那天，他卻在演說中接連咳了好幾次（因為他感冒支氣管發炎），雖然他很鎮靜地結束了演說，也贏得同學們的掌聲，不過，對此他很自責，他認為自己根本沒資格在一大群人中演說，因為這個錯誤的信念，讓他產生了挫敗的經驗……最後，他錯誤地得出結論說，如果他能動一次手術改善外表，他就會產生必要的自信。手術其實並不一定能夠解決問題。我們從其他患者那裡得到的經驗是：肉體的變化並不能絕對保證個性的改變。等這個人相信正是他的消極信念妨礙了他發表這個重要消息時，他的問題也就解決了。他成功地把消極的信念換成了積極而肯定的信念，認為他有一個極其重要的消息，而這個消息只有自己才能告訴大家，不管自己的外表如何。從那時起，他成為企業界最難得的演說家之一。而他唯一的改變只是信念和自我意象。

前面提到：阿德勒曾經受過一個錯誤的自我信念的催眠，這種催眠不是比喻的說法，而是完完全全的存在。因為，催眠的力量就是信念的力量。巴伯博士對「催眠力」的解釋是：「我們發現，只要相信催眠者的話是真的，就能做出驚人的事情……催眠者只要設法使受催眠的人相信自己說的是真話，受催眠的人的舉止就會改變，因為他的思想和信念已經改變。」

你要記住的重要一點是：你如何或者從什麼地方產生這種想法完全是無關緊要的。你也許根本沒遇到過職業催眠師，也許根本沒有受到正式的催眠，但是，如果你從你自己那裡，從你的老師、父母、朋友、廣告或者是其他任何地方接受一個意念，而且堅信這個意念是真的，那麼，它就和催眠師對被催眠者的話一樣具有威力。

「艾爾墨．惠勒受某公司之聘擔任推銷顧問，負責銷售的經理讓他注意一件非常引人注目的事：有一位推銷員，不管被公司派到什麼地方，也不管給他定多少佣金，他平均所得總是掙夠五千美元，不多也不少。

「因為這個推銷員在一個比較小的推銷區幹得不錯，公司就派他到一個更大、更理想的地區。可是第二年他抽得的佣金數同在小區域幹的時候完全一樣──五千美元。第三年公司提高了所有推銷員的佣金比例，但這位推銷員還是只掙了五千美元。公司又派他到一個最不理想的地方，他照樣拿到五千美元。

「惠勒跟這個推銷員談過話後發現，問題的症結不在於推銷區域，而在於他的自我評價。他認為自己是個『每年賺五千』的人。有了這個概念之後，外在環境似乎對他就沒有什麼影響了。

「他被派到不理想的地區時，他會為五千美元而努力工作；被派到條件好的地區時，只要五千美元遙遙在望，他就有各種藉口停止不前了。有一次，目標達到之後，他就生了病，那一年什麼工作也沒有再幹。醫生並沒有找到生病的原因，而且，第二年一開始，他又奇蹟般地恢復了健康。」

不可思議的催眠力量

每個人都在某種程度上受到催眠，或者是因為從別人那裡不加批判地接受一些觀點，或者是不斷向自己重覆，努力使自己相信某種觀念是真實的。這種現象絕不是誇張。這些否定的觀念在我們的行為中產生的影響，同一個職業催眠術專家強加給被催眠者心中的否定觀念的作用完全一樣。你是否觀察過完全沒有惡意的催眠示範？如果沒有的話，讓我再給你講述幾個由催眠者的啟示而產生的簡單現象。

催眠者告訴一位足球運動員說，他的手「釘」在桌子上抬不起來。這位足球運動員並不是「不試試」能否抬起來，而是真的不能抬起來。他竭力掙扎，手臂和肩膀上的肌肉一塊塊地隆了起來，但是手還是像在桌子上生了根一樣。

催眠者告訴一位舉重冠軍，他不能從桌子上舉起一支鉛筆。雖然他平常能輕易地把四百磅的重量高舉過頭，現在卻真的不能舉起鉛筆。

奇怪的是，在上述例子中，催眠者並沒有削弱運動員的力量，他們在體力上跟平常一樣，但是，他們並沒有意識到這一點，所以只能身不由己。一方面他們的確自願地作出努力，「試圖」舉起手臂或者那支鉛筆，並且在實際上也相應地收縮舉重物用得到的肌肉，另一方面，「你舉不起來」的觀念使相反的肌肉產生出與努力的意圖相反的作用。否定觀念使他們打敗了自己；他們不能表現或者實際應用他們原有的力量。

另外有一位運動員，他的握力經測量器測出是一百磅。他調動了全身的力量也不能使指針突破一百磅的標誌。現在，他處在被催眠的狀態中，催眠師告訴他：「你非常強壯，一生中從來沒有這樣強壯過，連你自己也會吃驚。」然後再一次測量他的握力，這一次指針輕而易舉地突破了一百二十磅的標記。

這個例子也很奇怪，催眠者並沒有給他增添什麼實際力量。催眠者的啟示只不過是克服了一種過去妨礙運動員表現全部力量的否定觀念。換句話說，運動員在正常的清醒狀態中有一個否定的信念，認為他只有一百磅的握力，因而給他的力量造成了一種限制。催眠者僅僅是清除了這個心理障礙，使運動員能真正表現自己的全部力量。催眠者只是暫時地使他從平常的自我限制信念的「催眠」中清醒過來而已。

正如巴伯博士所說的，當人們看到催眠過程中相當神奇的現象發生時，很容易認為催眠者本人具有某種魔力。然而，這些神奇現象的發生僅僅是因為催眠者告訴對方說他們能夠作到、並且指導他們作到某種事情。對於旁觀者來說，催眠者的話有一種魔力，其實並非如此。完成這些事情的力量和基本能力始終存在於被測驗者之中——即使是在遇到催眠者之前。然而，這些人之所以不能使用這種力量，是因為不知道它的存在，由於自己的否定信念而把它封閉起來，阻塞了它的發揮。他們自己給自己施行了催眠術，使自己相信事情是幹不成的。更確切地說，是催眠者解除了他們的「催眠」而不是給他們施行了催眠。

不管你是什麼人，不管你自認為有多大的失敗，你本身仍然具有才能和力量去做使自己快樂而成功的事。你現在就有力量做你從來不敢夢想的事，只要你能改變否定信念，你馬上就能得到這種力量。你要盡快從「我不能」，「我不配」和「我不應該得到」等自我限制的觀念所施行的催眠中清醒過來。

克服自卑的情結

自卑感是通往成功與幸福路上的巨石大障礙，可是偏偏在這世上十之八的人，都或多或少帶有自卑感而生活！自卑感的產生往往都不是來自「事實」或「經驗」。而是我們對事實做出的「結論」、對經驗做出的「評價」。使我們產生自卑情緒並影響我們生活的，並不是在技巧或學識上不如人的認識，而是有不如人的感覺。

這種不如人的感覺產生的原因只有一個：我們不用自己的「標準」或者「尺度」來衡量自己，而是用其他人的「標準」。我們這種作法毫無例外地會使自己低人一等。因為我們認為、相信和假定我們應該達到別人的「標準」，我們才感到不幸，感到自己低一等，從而得出結論說我們本身有毛病。在這個荒謬的推理過程後的邏輯結論只能是，我們沒有「價值」，不配得到成功和幸福，除了覺得抱歉和有罪之外，就沒有地方再能充分表現我們的能力和才華——不管這種能力和才華多麼高貴。

出現這種情況完全是因為我們受到了那種根本錯誤的觀念的欺騙，覺得「我應該如此這般」，或者「我應該像其他任何人一樣」。後一種觀念稍加分析就可以揭穿，因為事實上從來沒有大家都接受的「其他人」這一固定標準。其他人是由一個一個的人組成的，世界上沒有兩個完全相同的人。

有自卑感的人，無一例外地會為了取得優越地位而加深自己的錯誤。「我不如別人」是他的感覺的錯誤前提。在這個前提之上又建立起一整套「邏輯思維」和感覺，如果他因為不如別人而覺得不行，根治的方法只能是使自己跟別人一樣好。要想有良好的感覺，就要比別人更優越。這樣追求優越給他帶來更多的苦惱，造成更多的挫折，有時候甚至導致以前根本不存在的精神病態。他變得比以往更抑制，他「越努力」，就越不幸。

卑下與優越就像是同一枚硬幣的正反兩面。只要認識到這枚硬幣本身是假的，問題也就解決了。

你的真實情況是：你不「卑下」。你不「優越」。你只是「你」。

「你」作為一個個性不必與其他個性比高低，因為地球上沒有另一個人和你一樣，或者處在你的特定級別。你是一個個人，獨一無二。你不「像」別的人，也無法變得「像」別人。沒有人「要」你去像別人，也沒有人「要」別人來像你。

不要拿「他人」的標準衡量自己，因為你不是他人，也永遠達不到他人的標準。「他們」同樣達不到你的標準——也不想達到。一旦你明白、接受和相信這個簡單明了的真理，你的自卑感就會解除了。

我們目前抱定的信念，不管好壞和真假，都是在漫不經心、沒有勉強和沒有「意志力」驅使的情況下形成的。

我們的習慣，不管好壞，也是這樣形成的。

根據這個道理，我們必須經過同樣的過程以形成新的信念，新的習慣。

也就是說，要有一個放鬆的條件。

試圖用努力或者意志力改變信念或克服舊習慣，不僅沒有效果，而且可能起到相反的作用，這一點已經得到了充分證明。

名氣並不大的法國藥劑師愛彌爾·居葉在一九二〇年用研究「暗示力」而得到的結果，真是一鳴驚人。

他堅持認為，人的努力是使大部分人不能利用自己的內在力量的一大原因。

「你的暗示（理想的目標）如果想要產生效果，必須不含努力的成分。」

居葉另一個著名的座右銘是他的「反而努力法則」：「如果意志和想像發生衝突，想像永遠要戰而勝之。」

每天練習身體的放鬆，隨之而來的是「心理的放鬆」，產生「輕鬆的態度」，使我們更有意識地控制我們的自動機制。

身體的放鬆本身也具有強大影響，使我們從消極的態度和反應形式中清醒過來。

如何利用失敗機制

蒸汽鍋爐安有壓力計，在壓力達到危險點時就會有所顯示。認識潛在的危險才能採取糾正措施，確保安全。斷街死巷和不能通行的道路如果沒有明確的標誌供人識別，就會給你帶來不方便，耽誤你達到目的地。相反，如果你能識別路標並採取相應的糾正措施，那些繞行和斷街的標誌，倒可以幫助你更容易、更有效地達到目的。

人體具有自己的「紅燈」標記和「危險標記」，醫生稱之為「症狀」或「綜合症狀」。病人總以為「症狀」是可怕的東西，發燒、疼痛等等都「不是好事」。實際上，如果病人能夠認清這些症狀並採取醫治措施，這些消極的徵兆可以為病人服務，對他是有好處的。它們是維護身體健康的壓力計和紅燈標誌。盲腸產生的疼痛對於病人來說似乎是「壞事」，實際上它為病人的生存服務著。如果他覺不出疼痛，他就不會採取措施把盲腸切除。

失敗型個性也有它的徵兆。我們有必要認清自己所表現出來的失敗徵兆，以便採取相應的行動。當我們認出某種個性的特點是失敗的標誌時，這些徵兆就自動作為「否定反饋數據」，指導我們走上通向創造性目標的道路。不過，我們不僅需要「知道」它們，而且每個人都應該「感覺到」它們。我們需要認清它們是我們不希望的、不想要的東西。最重要的是，我們要深切地相信，這些東西不能帶來幸福。

「失敗機制」同「失敗」（Failure）一詞所包含的字母聯繫起來，就很容易記住它們。這些否定的反饋資料是：

F—rustration（挫折）

A—ggressiveness（misdirected）（進取心）（誤用）

I—nsecurity（不安定）

L—oneliness（lack of “oneness”）（孤獨）（不完整）

U—ncertainty（猶豫）

R—esentment（憤恨）

E—mptiness（空虛）

誰也不可能超越於這些否定的感情和態度之外，即使是最成功的個性也時常經歷它們。重要的是認識這些徵兆所在並採取積極的糾正措施。

理解是最好的醫生

誰也不會故意懷著惡念下決心培養這些否定的情緒。它們不是「偶然產生」的，也不證明人性的不完美。這些否定方法最初都是用來克服困難或解決問題的。我們採取這些否定方法，是因為我們錯誤地認為它們是擺脫困難的「一條路」。這些方法雖然以錯誤的前提為根據，卻仍然是有意義的，有目的的。它們構成了我們生活的一種方式。

請記住，人性中最強大的動力之一是做出相應的反應。我們治療這些失敗的症狀，不是靠意志力，而是靠理解——能夠「看出」它們不起作用或者不適用。事實可以幫我們擺脫它們。當我們能看到事實時，一開始使我們接受這些方法的本能力量就會反過來代表我們去清除它們。

1．挫折

挫折是一種情緒上的感受，只要某種重要目標不能實現或某種強烈欲望受到壓抑時，這種感受就會產生。我們所有的人都必然會受到一定的挫折，因為作為人來講總是不完美、有缺陷的。年紀大一些之後，我們就會懂得，一切欲望不可能立即得到滿足。我們還會懂得，我們的「行為」永遠不可能像原來預期的那樣出色。我們也會接受這樣一個事實——盡善盡美並不是必需的，也用不著強求，能近乎完美就足以滿足實際的目的。我們懂得忍受一定的挫折而不因此灰心喪氣。

只有在某種挫折的經驗帶來極度不滿意和頹廢感從而造成情緒上的大波動時，挫折才成為失敗的一種症狀。

連續不斷的挫折，往往意味著我們為自己確立的目標是不現實的，或者是我們形成的自我意象不適當，或是兩者兼而有之。

2．進取心（誤用的）

過度的和誤用的進取心緊緊跟在挫折之後，就像黑夜緊緊跟著白天一樣。幾年前耶魯大學的一群科學家在《挫折和進取心》一書中證明了這個結論。

進取心本身並不像某些精神醫學家所認為的那樣，是一種不正常的行為模式。要達到一種目標，進取心和情感上的動力是十分必要的。追求我們所需要的東西，必須採取進取的方式而不是防禦的或躊躇的態度。我們必須進取性地處理問題。確立一個重要的目標，就足以在我們的鍋爐裡產生感情的蒸汽、造成進取的熱能。然而，我們在達到目標的過程中，如果受阻礙或受挫折，就要發生故障。感情的蒸汽受阻塞，需要尋找排洩口，如果得不到利用或者被誤用，就變成一種毀壞性的力量。一個工人如果想在老板的鼻子上揍一拳但又不敢下手，他必然會回家去打他的妻子，或者踢貓罵狗以圖發洩。他也可能把攻擊力轉到自己身上，就像南美洲的一種毒蠍在發怒時會叮咬自己、死於自己的毒汁那樣。

失敗型個性不能把他的進取性對準一個有價值的目標。相反，他的進取性用在類似於潰瘍、高血壓、焦慮、抽煙過度、強迫性工作過度之類的自毀渠道上，或者表現在對待別人時不安、生硬、嘮叨、挑剔、吹毛求疵。

如果他的目標是不現實的和不可能的，這種類型的人遭到失敗時會「比以前更賣力氣」。假如他發現自己的頭顱正撞在石牆上時，他會下意識地認為，解決問題的方法是把頭撞得更厲害一些。

其實，對待進取性的方法並不是要消滅它，而是理解它，提供適當的渠道讓它表現出來。

利用進取性最好的渠道，就是按照它原來的用途，在朝著某一個目標前進時發洩。工作是治療的最佳方法，也是對付煩惱的心靈的最有效鎮靜劑。

3．不安定

不安定的感覺建立在內心不適應的觀念或信念之上。如果你覺得「不配」達到要求，就會覺得不安。很多不安的感覺不在於我們內在能力真的不適應，而在於我們錯用了衡量的尺度。我們拿自己的實際能力同一個想像的，「理想的」，完美的或絕對的自我相比。用絕對化的標準考慮自己必然造成不安之感。

不安定的人覺得他應當「美好」，應當「成功」，應當「幸福」，有能力，泰然自若——只是應當而已。這些都是有價值的目標，但它們應當被看作、至少在它們的絕對意義上應當被看作能夠達到的目標，而不僅僅是「應當」。

由於人是一種追求目標的機制，所以，只有人朝著某種事物前進時，自我才能充分實現。人只有在向前運動，有所尋求時，才能保持他的平衡、鎮定和安全感。如果你認為自己達到了目標，你就變為靜止的，從而失去前進時的安穩與平衡。深信自己絕對「完好」的人，不僅沒有變得更好的動機，而且會覺得不安定，因為他必須保護自己的虛假而偽裝。

想要站在山頂的稜線上是不安全的。從心理上說，從高高的馬背上爬下來，你會覺得更安全。這一點很實用。它說明了體育中的「劣勢心理」。一支冠軍隊把自己看成「冠軍」時，他們就沒有再需要奮鬥的地方，只能處於防衛的狀態。冠軍是為了防衛，為了保有某種東西；處於劣勢的人是為了爭取某種東西而奮發，所以常常能使局勢顛倒過來。

我曾經認識一位拳擊手，他在贏得冠軍之前一直打得很好。緊接著他又失掉了冠軍寶座，輸得很慘。失去冠軍後，他又打得很好，從而重新奪魁。一個明智的經理對他說，「只要你能記住一件事，不管是作為挑戰者還是衛冕者，你都會打得很出色。那就是，你一踏進比賽場地，你就不是在衛冕，而是在奪取冠軍。你並沒有得到錦標——當你爬過繩子去的時候，你已經把它放在邊線上了。」

釀成不安的那種心理狀態本身就是一種「方法」，是用虛偽造作取代現實的一種方法，是一種向自己、向別人證明你優越的方法。但是，這種方法只能導致自己的失敗。如果你現在就是完美和優越的，那就沒有必要再奮鬥、努力和嘗試。事實上，如果有人看見你在賣力氣，可能就會把它當作你並不優越的證據，所以你就乾脆「不賣力氣」。你在戰鬥中必定失敗，因為你已沒有取勝的意志了。

4・孤獨

有時候，我們誰也免不了會感到孤獨，這也是我們作為人類的一員所付出的代價。但是，極度的或長期的孤獨感——與別人的關係完全被隔斷——卻是失敗機制的一種症狀。

這種孤獨是由於遠離生活而造成的，是你真正的自我產生的孤獨。與真正的自我相隔絕的人，也就等於把自己同生活的最基本聯係割斷了。孤獨的人往往形成惡性循環，由於他覺得與自我格格不入，人與人的接觸不能十分滿意，就脫離這個社會隱居起來。這種作法切斷了發現自我的一條途徑，即使過社會生活同別人打成一片的途徑。同別人共事，與大家一起享受，有助於我們忘掉自己。在不停的談話中，在跳舞、玩耍或者為共同目標奮鬥的過程中，我們會對別的事情有興趣，因而不再熱衷維護我們的虛偽和做作，我們瞭解了其他人之後，我們就覺得沒有什麼可掩飾的。我們「解了凍」、變得更自然了。我們越這樣做越覺得能夠拋棄虛偽與做作，對自己的存在也沒有什麼不安了。

孤獨的人害怕別人，經常抱怨說自己沒有朋友，也沒有跟他合群的人。在大多數情況下，他出於這種悲觀態度而不情願地處理事情，非要別人來找他，非要別人採取第一步行動，非要別人取悅於他。他從來也沒有想過對社會環境作自己的貢獻。

不要顧慮你的感覺，要強迫你自己加入大家的行列。

如果孤獨的人不斷強迫自己同其他人發生社會關係——不是被動地、而是積極地做貢獻——他會逐漸發現，大部分人都是友好的，願意接受他的。他的羞怯和　腆會消失，在別人面前會感到更加自然。體驗到別人對自己的接受之後，他自己也能接受自己了。

5．猶豫

猶豫是一種躲避錯誤也逃避責任的「方法」。它的錯誤前提是：如果不作決定，就不會有錯誤。認為自己完美的人對犯錯誤有難言的恐懼。他從來沒犯錯誤，一直以來他都是正確的。所以，一旦他出了差錯，他所勾畫的完美的、全能的自我形象就崩潰了。因此，「做決定」成了生死攸關的大事。

一個「辦法」是盡量避免做出決定、盡量延長做決定的時間。另一個「辦法」是找一個現成的替罪羊。這種類型的人作起決定來很倉促，很不成熟，大家都知道這叫作「操之過急」。做決定對於他來說算不上什麼，因為他是完美的，在任何情況下都不會犯錯誤。因此，何必要考慮事實或者後果？即使他的決定出了問題，他也可以維持這種虛偽的想法：只要使自己相信那是別人的過錯就行了。

我們很容易看出這兩種人為什麼都會失敗，後一種人總是因為採取一時衝動和欠考慮的行動而自食其果，前一種人毫無作為，因為他根本就沒有行動。用一句話來概括：「猶豫」不是保持正確的方法。

我們應當意識到，要求一個人永遠百分之百地正確是沒有必要的。我們通過自己的行動前進，犯錯誤，然後糾正前進路線，這是符合事物本質的。魚雷最終能擊中其目標，就是不斷地犯錯誤，又不斷地糾正路線的結果。如果你原地不動，就無法糾正自己的路線。「零」是無法改變或糾正的。你必須考慮一種情況下的已知事實，想像各種行動路線可能帶來的後果，選擇一條提供最佳解決辦法的路線——然後，孤注一擲。你在前進中才能糾正自己的路線。

認識「自我尊重」和自我尊重的防護性在猶豫不決中所起的作用，也能幫助我們克服猶豫。很多人猶豫不決的原因是，如果證明他們作錯了，擔心會失去自尊。

利用自尊為你服務，不要讓它妨礙你，應該相信這個真理：偉大人物和高尚的個性都會犯錯誤，也能承認錯誤，只有小人物才怕承認自己犯了錯誤。

6·憤恨

失敗型個性在為自己的失敗找替罪羊或者找托辭的時候，常常會責怪社會、「制度」、抱怨生活、「運氣」。他對別人得到的成功和幸福憤憤不平，因為這向他證明生活在他這裡缺少變化，他受到的待遇不公平。憤恨是拿「不公平待遇」、「不公正」等術語來解釋我們的失敗，使這種失敗能說得過去的一種企圖。但是，作為失敗的一種慰藉，憤恨比疾病更糟糕。憤恨是毒化精神的毒劑，它使人得不到快樂，並且把爭取成功的巨大能量消耗殆盡。憤恨往往能造成惡性循環。心懷不平而又盛氣凌人的人很難與他人合作；而合作者不夠熱情或者老板指責他工作的缺陷，又會使他多一層理由感到憤憤不平。

憤恨也是使我們妄自尊大的一種「方法」。很多人從「被虧待」的感覺中得到一種不正常的滿足。從道德上講，不公正的犧牲品、受到不公平待遇的人比造成不公正的人更優越一些。

憤恨還是一種「方法」或企圖，用以消弭已經發生的、真正的或假想的錯誤或不公。憤恨的人是想在所謂人生的法庭上「打贏這一輩子的官司」。如果他能有足夠的憤恨，從而「證明」不公不，某種神奇的方法也會「澄清」那些使他產生憤恨的環境或事件，以此作為他的一種補償。從這個意義上來講，憤恨是對既成事實的一種抗拒和排斥。

憤恨不平即使有真正的不公平和錯誤為基礎，也不是取得勝利的方法。它很快就會成為一種感情習慣。你習慣性地感覺自己是非正義的犧牲品，就會把自己描繪成一個犧牲者的形象。你懷有一種內在的感情，尋找一種合適的外在藉口，這樣就容易找到不公正的「證據」，或者幻想你被虧待了，即使是對最沒有惡意的話和最沒有偏向性的情況也會如此。

習慣性的憤恨必定會導致自我憐憫，那又是人所養成的最壞習慣。當這些習慣根深蒂固之後，人離開它們就會覺得不「正常」或不「自然」，並且最終開始尋找「不公平」。有人說，這種人只有在受罪時才會覺得正常。

情緒上的憤恨習慣和自我憐憫同時也會伴隨著一個沒有能力的、低劣的自我意象。你會把自己想像為一個可憐的人，一個犧牲品，永遠得不到快樂。

請記住，你的憤恨不是其他人、事件或環境引起的。它的起因是你自己感情上的反應。只有你自己能夠克制它。只要你堅定地相信，憤恨和自憐並不是爭取幸福和成功的方法，而是造成失敗和不幸的根源，你就能克服它們。

只要你懷有憤恨之情，就完全不可能把自己想像為一個自信、自立、自決的人，一個「主宰自己的靈魂、掌握自己的命運」的人。憤恨不平的人把自己交付在別人手裡，由別人來決定他該怎樣感受、怎樣行動。他完完全全依賴於別人，就像乞丐一樣。他把出不合理的要求，強加在別人頭上。如果別人該做出犧牲使你快樂，那麼，事情沒有按照你的意願發展時你也會憤恨不平。如果你覺得別人永遠「欠」你的情，永遠應該接受或欣賞你的高貴價值，那麼，當這些「債」得不到償還時你也會憤恨不平。如果生活也有欠於你，那麼，當生活不太慷慨的時候你仍舊會憤恨不平。

因此，憤恨是同創造性目標追求不一致的東西。在創造性目標追求中，你是行動者而不是被動的接受者。你確立自己的目標，誰也不欠你什麼東西。你自己追尋你的目標，對你自己的成功和幸福負責。憤恨與這幅圖像不協調，正因為如此，它是一種相當糟糕的「失敗機制」。

7．空虛

一個人的內心如果還有能力享受時，他就能在日常很多簡單平凡的事物中發現樂趣，也能享受在物質方面獲得的任何成功。一個內心的享受能力已經死去的人在什麼事情上都找不到樂趣：沒有一個目標值得他努力，生活枯燥之極，一切都沒有價值。你可以看到很多這樣的人，整天整夜地在四處鬼混，自以為是在享受生活。他們四處飄泊，像孤魂野鬼般在人群裡轉來轉去，希望找到樂趣，但找到的總是一個空殼。事實上，樂趣是創造性功能和創造性目標追求的一種伴隨物。你可能贏得虛幻的「成功」，而得到的只是一場「空歡喜」。

空虛是你沒有創造地生活的徵兆。不是你沒有樹立一個自認為是重要的目標，就是你沒有運用你的才能和努力去追求一個重要的目標。沒有自己的目標的人會得出悲觀的結論：「生活沒有目的。」沒有目標值得奮鬥的人會得出結論說：「生活沒有價值。」沒有重要工作的人會抱怨說：「沒有事情可做。」相反，積極從事於一種鬥爭或者追求一個重要目標的人，不會總結出生活沒有意義和樂趣的悲觀哲理。

怎樣利用否定思維

我堅決相信正確使用否定思維的作用。我們需要瞭解否定的東西，在前進中才能避開它們。打高爾夫球的人需要知道窪地和沙坑在什麼地方——但是不會總想著這些坑坑窪窪——免得把球打進那裡。他的心裡「盯著」坑窪，但也「盯著」草地。正確利用這類「否定思維」，可以引導我們走向成功之路，前提是：

一、對否定的東西注意到使我們警覺危險的程度。

二、我們要認清什麼是否定的東西——是我們不希望的東西、我們不需要的東西、不能帶來真正幸福的東西。

三、我們要立即採取糾正的措施，從成功機制中選擇一種對應的積極因素取而代之。這些措施將及時形成一種自動反射，轉變為我們內在導向系統的一個部分。否定的反饋將作為一種自動控制發揮作用，幫助我們「避開」失敗，引導我們取得成功。

第四章

您想成功，您準備好了嗎？

——你知不知道，你離成功到底有多遠？

正像醫生根據某種症狀來診斷疾病一樣，失敗和成功也可以診斷出來。原因在於，人不是簡簡單單就可以「發現」成功，或是「遭到」失敗，他的個性和性格就散播著失敗與成功的種子。

如果要幫助一個人獲得合適的或「成功的」個性的最有效方法之一，就是給他一張生動的照片、讓他看看成功的個性是什麼樣子。請記住，你內在的創造性導向機制是一種追求目標的機制，使用它的首要條件就是確立一個清晰的目標或射擊的靶子。

「成功」到底是什麼？

有心理學家說：「失敗有失敗的臉孔，成功有成功的個性！」

那麼，什麼是成功的個性呢？

成功（Success），可以把這些英文字母，再拆成它代表的意義：

S—ense of direction（方向感）

U—nderstanding（理解）
C—ourage（勇氣）
C—harity（寬容）
E—steem（尊重）
S—elf Confidence（自信）
S—elf Acceptance（承認自我）

1．方向感

我們都具有追求目標的機制。我們天生就是如此。一旦失去我們自己感興趣的個人目標，失去了對於我們來說「有意義」的東西，就很容易「原地繞圈子」，覺得「迷失」了，發現生活本身沒有「目標」或「目的」。我們生來就為了征服環境、解決問題、達到目標；沒有困難去克服，沒有目的可達到，我們在生活中就找不到真正的滿足和快樂。人們說生活沒有價值，其實是指他們自己缺少有價值的個人目標。

解決方法——樹立一個值得追求的目標。最好是有一項計畫。根據每一種情況決定你的要求。經常在你前面保持你所「嚮往」的東西，期待它，爭取它，向前看，不要往後看。培養汽車製造商所說的「前視」習慣。培養「對未來的憧憬」而不是對過去的懷念。「前視」與「對未來的憧憬」使你永保青春。當你不再作為一個追求目標的人、「沒有什麼盼頭」時，你的身體功能也會不正常。

一個人退休之後往往很快就去世，其原因正在於此。你不再追求目標、不再有所期待時，也就算不上真正的活人了。除了純粹的個人目標之外，至少要有一個非個人的目標，或者用來證明自己是人的「證據」。要有興趣制定計畫以幫助他人——不是出於責任感，而是因為你想這樣做。

2·理解

所謂「理解」，也就是理解力！

對於特定的一系列「事實」或者環境，我們往往指望別人也會跟我們一樣地作出反應和得出結論。我們應該記住前面說過的——沒有一個人根據「事情的本來面目」作出反應，而是根據自己的心理意象來反應。

大多數情況下，別人的反應或者立場並不是要為難我們，也不是因為頭腦太頑固或者心懷叵測，而是因為他對情況的「瞭解」和解釋與我們不同。他僅僅是依照對於他來說是真實的條件作出適當的反應。相信別人是真誠的而不是故意心懷敵意的，即使事實並非如此，也有助於緩和人與人之間的緊張關係，使人與人更深刻地互相瞭解。問一問你自己，「這件事對於他會怎麼樣？」「他怎樣解釋這種情況？」「他的感受如何？」盡量瞭解他為什麼會「那樣做」。

我們常常用自己的恐懼、焦慮或者欲望給輸入感官的信息蒙上一層色彩。可是，要有效地應付環境，我們必須誠心誠意地瞭解這些信息的真相。只有真正瞭解了它，我們才能作出適當的反應。我們必須認清事實，接受事實，不管它是好是壞。

英國哲學家羅素認為，希特勒在第二次世界大戰中失敗的原因之一就是他不能完全瞭解情況。凡是報告壞消息的人都要受到處罰，後來就沒有人敢對他說真話了。既然不瞭解真實情況，他就無法採取適當的行動。很多極權國家會垮台的原因，也就是容不下反對意見而一意孤行，導致最終的毀滅……

我們很多人在各自的問題上也犯了同樣的毛病。我們不願意承認自己的過失、錯誤、缺點，甚至不承認自己幹得不對勁兒。我們不願意承認我們不希望出現的情況。這實際上是在欺騙自己。正因為我們看不到真相，所以才無法採取適當的行動。

有人說過，每天對自己承認一件痛苦的事實，是一項有益的訓練。成功型個性的人不僅不欺騙他人，而且對自己也很誠實。我們所說的「真誠」本身，就是以對自我的理解和誠實為基礎的。如果只會凡事都用「合理的謊言」來欺騙自己的人，那這種人就沒能說得上是真誠了。

解決方法——尋找關於你自己和你的困難，關於他人或者環境的真實信息，不管它對於你有好處還是有壞處。遵守這樣一條格言：「重要的不在於誰是正確的，而在於什麼是正確的。」

自動導向系統可以根據否定的反饋數據來糾正方向。它區別錯誤為的是糾正錯誤而保持正確的方向。你也必須如此。承認你的過失和錯誤，但用不著為此而悲傷。糾正錯誤，繼續前進。和別人打交道時，不僅要根據自己的觀點，也要努力根據別人的觀點來分析情況。

3．勇氣

有了目標，瞭解了情況還不夠，你還必須有行動的勇氣，因為只有通過行動才能把目標、希望和信念轉化為事實！

世界上沒有一件事可以絕對肯定或保證。一個成功者和一個失敗者之間的區別，往往不在於能力大小或想法的好壞，而在於是否有勇氣信賴自己的想法，在適當的程度上敢於冒險和行動。

我們常常認為，勇氣與戰場上、遇難的船上或類似的危機場合所表現出的英雄事蹟有關。但是日常生活也需要勇氣——如果你希望生活有意義的話。

靜止不動，裹足不前，往往使遭到困難的人變得神經緊張，感到「被動」與「局促」，甚至造成肉體上的病症。

我對這種人說：「徹底把情況研究一下，在你心裡想像一下可能採取的各種行動方向，以及每一種方向可能產生的後果。選擇一個最有前途的方向前進。我們如果要等到完全肯定和有把握之後再去行動，就什麼事情也幹不成、你在行動時隨時都可能犯錯誤，你所作的決定也難免失誤。但是我們絕不能因此而放棄我們追求的目標。你每天都必須有勇氣承擔犯錯誤的風險，失敗的風險和受屈辱的風險。走錯一步總比在一生中『原地不動』要好一些。你一向前走就可以矯正前進的方向；在你保持原狀，站立不動的時候，你的自動導向系統就無法引導你。」

你是否考慮過，賭博的欲望和「動力」為什麼像是人性的本能？我的理論是：這種普遍存在的「動力」是一種本能，在正確發揮作用時，它能驅使我們信賴自己，並利用機會發揮我們自己的創造潛力。在我們有信心有勇氣地行動時——我們現在正是這樣行動著——我們就是用上帝所賜的創造天賦來作賭注，希望它有機會發揮出來。

我的理論還認為，那些拒絕創造性地生活，拒絕勇敢地行動，而使這種自然本能受挫折的人，也就是那些賭博成性、整天沈溺在牌桌上的人。一個不願意親自試一試的人只好拿別的東西當賭注。一個不願意勇敢地行動的人則往往靠酒杯來壯膽。信心和勇氣是人的自然本能，我們都會覺得自己需要表現這些本能，不論是以什麼方式。

解決方法——為了得到你想要的東西，要準備犯幾個小錯誤，稍微受一些痛苦。不要自輕自賤。有位戰功彪炳的將軍說，「大部分人不知道他們實際上有多勇敢。事實上，有很多潛在的男女英雄一生都在對自我的不信任中度過了。如果他們知道自己潛在的能量，那將有助於他們產生解決問題甚至克服巨大危機的自信心。」

你有這種能量，但若不付諸行動、不給它們釋放出來為你服務、為你衝鋒陷陣，那你就永遠不會發現這些能量。

另一項有益的建議是，處理「小事情」也要鼓足勇氣、採取大膽的行動。不要等到出現重大危機時再去當大英雄。日常生活也需要勇氣——在小事情上鍛煉勇氣，才能培養出在更重大的場合，勇敢行動的力量和才能。

4．寬容

成功型個性總是對別人有興趣、關心別人的。他們體諒別人的困難和要求。他們維護人性的尊嚴，和別人打交道時把他們當作人來看待，而不是當作遊戲時的賭注。他們承認，每個人都是上帝的兒女，都有值得尊重和敬佩的獨特個性。

我們對自己的感情常常與對他人的感情一致，這是一個心理學上的事實。一個人對別人寬容時，他也必定對自己寬容。覺得「人並不重要」的人，不可能深深地尊重

自己和關心自己。因為他自己也是「人」，他對別人所作的評價，無形中也就是對自己的評價。

解決方法——克服罪惡感的一個最著名的方法就是不在你心中指責別人，不要評價別人，不要因為他們的錯誤而責怪和憎惡他們。你覺得別人更有價值的時候，你就能發展一個更佳的、更合適的自我意象。

還有一個理由能說明對別人的寬容是成功型個性的體現，因為那意味著這個人正視現實。人是重要的。人不能永遠被當作動物或者機器，或者當作達到個人目的的犧牲品。希特勒就這麼幹過，其他的獨裁暴君也這麼幹，不管是在家裡、在事業上或者是在人與人之間的關係上。

5．尊重

「尊重」這個詞意味著對價值的欣賞。為什麼人們敬畏星辰、月亮、高山、大海或落日、晚霞的美麗，而同時卻貶低自己呢？人類不也是造物主所創造的嗎？人類不是萬物中最奇特的嗎？

欣賞你自己的價值並不等於自我中心主義，除非你以為一切都是你自己造就的，並且以此為榮。不要僅僅因為沒有正確利用一件產品就貶低它，也不要因為自己的過失而責怪它，像個小孩子一樣說，「這個打字機不會拼寫單詞。」

解決方法——自我尊重的最大秘密是：開始多欣賞別人，對任何人都要有所尊敬，因為他是上帝的兒子，也就是一件「有價值的東西」。你和別人打交道時要留心考慮。你遇到的是造物主創造的一個獨特的個性。訓練自己把別人當作有價值的人來對待，這樣，你會驚奇地發現，你的自尊心也加強了。

因為真正的自尊並不產生於你所成就的大業，你所擁有的財富，你所得到的榮譽，而是對你自己——上帝的兒子——的欣賞。不過，當你認識到這一點時，你必須得出結論說，其他的人也可以根據同樣的理由得到尊重。

6・自信

自信建立在成功的經驗之上。我們開始從事某種活動時，很可能缺乏信心，因為我們沒有從經驗中知道我們會成功。學習騎自行車，在公開場合演說或者進行外科手術都是如此。成功孕育著成功，這個道理完全正確。一次小的成功可以成為巨大成功的基石。拳擊老板為拳擊手安排比賽非常細心，使他們有一系列逐漸成功的經驗。我們也可以運用同樣的技巧，逐漸地體驗成功，一開始是小規模的成功。

另一個技巧是：要養成記住過去的成功而忘卻失敗，有人說一九九七年由 IBM 開發出來的超級電腦「深藍」，擊敗了世界西洋棋冠軍的卡斯帕羅夫，是因為它的記憶中只有打敗對方而沒有輸的字眼。

可是，我們大部分人是怎麼做的呢？我們記住過去的失敗、忘掉了過去的成功，從而摧毀了我們的自信。我們不僅記住了失敗，而且帶著感情色彩把失敗深深印在心裡。我們指責自己、懷著羞辱與懊悔的心情痛罵自己（羞辱與懊悔卻是極端的自我中心主義感情）。自信於是就無影無蹤了。

解決方法——使用錯誤和過失作為一種學習的方式，然後把它們拋在腦後。有意地記住並向自己描繪過去的成功。任何一個人都可能在某個時間內取得某種成功。在開始完成一項新任務時，特別要重溫你在過去的成功中經歷的感受，不管那成功多麼微不足道。

W·歐弗豪爾塞博士說過，回憶過去勇敢的時刻是恢復自信最有效的方法；而有很多人卻因為一兩次失敗而埋葬了美好的回憶。他說，如果我們系統地重溫記憶中勇敢的時刻，我們就會驚奇地發現，我們比想像中要勇敢得多。歐弗豪爾塞博士介紹說，生動地回憶我們過去的成功和勇敢的時刻，是自信心動搖時極其有益的訓練。

7·承認自我

改變你的自我意象並不意味著改變你的自我或者改善你自己，而是改變了你對這個自我的心理圖像、你對它的估價、觀念和認識。發展一個適當的和現實的自我意象，會帶來驚人的後果，這種後果並不是因為自我改變了，而是因為自我得到了實現和重新評價。

此時此刻，你的「自我」仍然是原來的自我，也是將來的自我。你並沒有創造它，也不會改變它。然而，你能認識自我，並且憑借一幅實際自我的真實圖像來充分發揮現有的自我。盡力「成為某一個人」是沒有用處的，你就是你現在這個人。你就是某一個人，不在於你賺了一百萬美元，或者在你住的街區擁有最高級的小汽車，也不在於你能賭錢，而是因為上帝根據他的意象創造了你。

我們絕大部分人現在就比自己所認識的更美好、更聰明、更強大、更有能力。創造一個更佳的自我意象並不是創造了新的能力、才能、力量，而只是解除它們的束縛，使它們發揮作用。

解決方法——我們可以改變自己的個性，但不能改變基本的自我。個性是「自我」的一個工具、一種出路、一個焦點，供我們在處世時使用。也是我們的習性、態度、知識技巧的總和，是我們用來表現自己的一種方法。

「你」和「你的錯誤」不能畫上等號

承認自我意味著接受我們的現狀，包括我們的錯誤、弱點、缺點、失誤，也包括我們的財產和力量。不過，如果我們認識到這些消極因素屬於我們而不等於我們時，承認自我就容易得多。很多人恥於健全的「自我承認」，因為他們堅持把他們的錯誤與自己等同起來。你也許會犯一個錯誤，但這不是說你就是一個錯誤。你也許不能恰當地和充分地表現自己，但這不代表是你自己「不好」。

我們必須首先承認自己的錯誤和缺點，然後才能改正它們。

獲得知識的第一步是認清你還不懂的範圍。變得強大的第一步是認清你的弱點所在。一切宗教告誡人們，獲得拯救的第一步是承認自己有罪。在通向理想的自我表現目標的漫長道路中，我們必須運用否定反饋數據來糾正方向，就像在其他追求目標的情況下一樣。

這就需要我們對自己承認——並且接受這樣的事實：我們的個性，我們所「表現的自我」，或者某些心理學家所謂的「實際自我」，總不是十全十美，完全合格的。

誰也不可能在一生中成功地充分表現或者實現「真正自我」的全部潛在力量。我們「實際」的、表現出來的自我從未竭盡「真正自我」的全部能量。我們永遠可以學到更多的東西，永遠可以做得更好，表現更佳。實際自我必然是不完美的，在整個生命中，它永遠朝著理想的目標前進，但又永遠不能到達這個目標。實際自我不是靜止的而是運動的，它永遠不會完整和終結，而只是處於一種發展狀態。

我們學會接受這個實際的自我以及它的一切不完善性是很重要的，因為它是我們唯一的手段。神經不正常的人排斥和憎惡他的實際自我，因為它不完美。他想創造一種虛構的理想的自我——它是完美的，已經「達到」的——來取代實際自我。

試圖維持一種虛偽和虛構不僅造成心理的可怕壓力，而且在他嘗試著在一個真實的世界裡開動一個虛構的自我時，會不斷招致失望和挫折。一輛驛車也許不是世界上最理想的交通工具，但是一輛真實的驛車比一架虛構的噴氣式飛機，更能使你滿意地將你帶到海角天涯。

啟動你的成功機制

1・創造性思維的奧秘

美國著名心理學家威廉・詹姆斯對於世人渴望成功的心理曾說：「成功之路在於……妥協……消極，而不是積極。因此，成功的法則應該是放鬆而不是緊張。放棄你的責任感，放鬆你的緊張感，把你的命運交付於更高的力量，真正對命運的結果處之泰然……這不過是讓你不安的自我有一個休息的機會，而去發現另一個偉大的自我。樂觀與期望結合的結果——不管早晚，不論快慢——和放棄努力產生的新現象，

都會顯示出人類本性的真實面貌。」

作家、發明家和其他創造性工作者的經驗作為證明。他們會同樣地告訴我們，創造性的觀念並不是前腦工作時產生的有意識的思維，而是在意識放棄所考慮的問題，把注意力轉向其他地方時自動和自發地產生的，就好像晴空中響起的霹靂一樣。這些創造性的觀念也不是不經過對問題最基本的意識思維而突然降臨的。這些證據只能導致一個結論：為了得到「靈感」或「預感」，一個人必須首先熱衷於解決一個特定的問題，或者尋求一個特定的答案。他必須有意識地加以考慮，收集與問題有關的一切信息，考慮一切可能的行動方案。

最主要的是，他必須有解決問題的熱望。但是，在他確定了問題之後，他就要在自己的想像中看到預期的結果，並且盡量收集一切信息和事實。這時，多餘的掙扎、焦躁和操心不僅無濟於事，反而可能阻礙問題的解決。

著名法國科學家費爾說，實際上，他的一切有益的想法都是自己沒有積極考慮問題的時候產生的。而且，當代科學家的絕大多數發現，也可以說都是在他們離開工作崗位的空檔中來完成的。

達爾文曾經說過，有一次，他苦苦思索了好幾個月，也沒有整理好《物種起源》中需要表述的一些想法。忽然，有一種直覺在腦海掠過，「我現在還記得我坐在馬車裡趕路所經過的那個地點，當時答案一下子出現在腦子裡，使我高興極了！」

發明大王愛迪生也很性格，只要在一個問題上被卡住了，他就會把它丟在一旁，自己則是躺下來小睡片刻，而不去裡它。

美國國家廣播公司前總經理雷諾克斯曾經寫過一篇文章，談到他如何產生有助於發展企業的一些想法。「我發現，當你正在做一些不太緊張而使思想最敏銳的時候，有很多辦法就在頭腦中應運而生。例如，在刮臉、開汽車、鋸木頭、釣魚或者打獵的時候，或者是同某位朋友聊天時尋找話題的那一瞬間。我的一些最重要的想法是在與自己的工作完全無關的、偶然收集的信息中產生的。」

通用電器公司研究室主任蘇伊士說，實驗室裡的一切發現，幾乎都是先經過一段緊張思考和收集事實的過程，然後在一個放鬆的時期裡像產生一個預感一樣完成的。

英國大哲學家羅素說，「我發現，如果我要寫一篇題目比較難的文章，最好的計劃是努力加以思索——盡我一切可能努力思索，用幾個小時或者幾天，最後再命令工作轉入潛伏的狀態。幾個月之後，我有意識地再回到這個題目，發現工作已經完成了。在我發現這個技巧之前，我往往因為毫無進展而連著幾個月憂心忡忡。解決問題並不能靠憂慮，那樣的話，那幾個月的時間豈不是等於白費了。現在，我可以將這幾個月用在其他的追求上了。」

2．你是一個「創造者」

我們往往錯誤地認為這種「下意識思維活動」僅僅是作家、發明家與「創造性工作者」才有。我們大家都是創造者，不管是廚房裡的主婦，學校教師和學生，推銷員還是企業家。我們都具有同樣的「成功機制」，用以解決個人的問題、管理企業、出售商品，就像創作小說和進行發明一樣。羅素建議他的讀者使用他的方法來解決世俗的個人問題。杜克大學的萊恩博士認為，我們所謂的「天賦才能」只不過是一種過程，是人的頭腦以自然的方式解決問題的一種方法。但是我們錯誤地認為，只有這一過程應用在寫作或繪畫上才可以稱為「天賦才能」。

3．「自然」行為與技能的秘密

你內在的成功機制在產生「創造性行為」和產生「創造性觀念」方面發揮著同樣的作用。任何一種行為技巧，不管是體育、彈鋼琴、談話或是銷售商品，都不是痛苦地、有意識地去思索每一個要完成的動作，而是在放鬆的情況下，讓事情自己完成。創造性行為是「自發的」和「自然的」，沒有自覺意識和鑽研的性質。即使世界上技藝最為嫻熟的鋼琴家彈鋼琴時，也不能有意識地考慮哪一個手指該觸哪一個琴鍵——那樣的話，他連一個最簡單的曲子也彈不好。

以前在學琴時，他曾經有意識地思考過這件事，但是後來練習中，他的行為最終

變為自動的和習慣性的了。只有在停止意識的努力，使彈琴成為意識的習慣機制（這是成功機制的一部分）時，他才能成為一名技藝高超的演奏家。

4．不要阻礙你的創造性機制

有意識的努力會抑制或「隱礙」自動的創造性機制。有些人在社交場合自我意識過強而感到局促不安，就是因為他們過於有意識地、過於焦急地想做出正確的事。他們過分注意自己的一舉一動。每個動作都是「考慮好的」，每一句話都是權衡了後果才說出來的。我們說這種人是「被抑制的人」，這句話一點也不錯。但是更正確的說法應該是，那個人沒有「被抑制」，而是他「抑制」了自己的創造性機制。如果這些人能夠「放得開」，不做作，不操心，對自己的舉止行為不多加研究，他們就能有創造性地、自發地行動，「成為他自己」。

開放創造性機制的五個原則

1・「心思應當放在下注之前而不是輪盤轉動之後。」

這句話是出自一個嗜好賭輪盤的企業管理人員，他認為這種想法「具有魔術般的作用」，幫助他克服憂慮感，更有效、更成功地發揮他的作用。

有人問他：「到底是什麼神奇魔術？」

「就是威廉・詹姆斯的勸告。你當時對我講的時候，我的印象不深，可是在玩輪盤賭的時候，突然又想了起來。我注意到，有很多人在下賭注之前，似乎無憂無慮，好像不在乎輸贏，可是輪盤一轉動，他們就全神貫注起來，擔心輪盤會不會停在他們自己選定的數字上。

「我覺得他們真夠傻的。如果真要擔心，真要賭個輸贏的話，應該是在下賭注之前，因為你還有時間思考，決定自己該怎麼辦。你可以猜一猜最可能中獎的數字，或者決定不去冒險；但是在下了賭注、輪盤開動之後，你盡可以放鬆下來欣賞一番。那時再考慮這些問題一點用處也沒有，只是浪費精力而已。

「後來我想到，我在事業上和個人生活上也完全是如此。我常常草率地作出決定或選擇行動路線，沒有相應的準備、沒有考慮與之有關的各種危險，以及各種變化的可能性。可是我自己『開動輪盤』之後，就不停地考慮它的得失，考慮我是不是犯了錯誤。於是，我當時就下了決心，以後我一定要在一個決定作出之前盡量考慮，盡量調動我的前腦思維，作出決定並付諸實施之後，我就『完全拋棄與得失有關的一切考慮』。不管你信不信，這種方法的確有效。我不僅感覺更舒服，睡得更踏實，工作更起勁了，而且事業也越來越順利。」

2．養成對「此時此刻」作出有意識的反應習慣

有意識地培養這樣一種習慣：「不要為明天發愁」，集中全力注意此時此刻。

你的創造性機制不能為明天發揮作用，而只能為此時此刻發揮作用——為今天發揮作用。可以制定明天的計畫，但不要生活在明天或者過去。創造性生活意味著對環境自然而然地作出反應。你只能把全部精力都集中在目前的環境上，並且把現在所發生的事情通知你的創造性機制，否則，它就不能對目前環境作出相應的、成功的反應。你可以計畫未來，為未來作準備，但是不要擔心你明天該做出什麼反應，或者擔心五分鐘以後怎樣反應。如果你對現在發生的事情加以注意，創造性機制將會對現在作出反應。同樣地，明天它也會作出對明天的反應。

醫學專家、教育家的威廉·奧斯勒博士說，這個簡單的習慣同其他任何一種習慣一樣是可以培養的，他一生中的幸福和成功唯一的秘訣也正在於此。他勸告他的學生「生活在今日」，除了今天的二十四小時之外，不要顧慮昨天，也不要擔心明天。應

該充分地利用今天的生活。如果你今天的生活豐富多彩，你就充分發揮了內在的力量，使明天也會更加美好。

威廉．詹姆斯也把類似的哲理看成是治療憂慮的心理學和宗教的主要原則。很多不知姓名的酒鬼甚至也利用這一原則來戒酒，他們說，「不要打算永遠不喝酒，只要說——『我今天不喝酒』就行。」

3．一次只作一件事情

引起混亂，造成緊張、匆忙和焦慮的感情的另一個原因是：同時想做很多事情的荒唐習慣。學生一邊學習、一邊看電視。企業家不把注意力集中在他口述的信件上，卻考慮著今天或者本星期應該完成的工作，不自覺地想把它們一下子都作完。這種習慣是特別有害的，因為很少有人能自覺地認識到它。

當我們在思考我們面前擺著的一大攤工作時，會覺得緊張、憂慮和焦急，這種感覺不是因為工作引起的，而是因為我們的心理狀態引起的——也就是說，原因在於「我應當一下子把事情都幹完」的想法。我們感到緊張，是因為我們想辦一些不可能辦得到的事。所以，徒勞和失敗就不可避免了。

事實上，我們一次只能作一件事情。認識並完全接受這一點的話，可以使我們停止同時作「下一件事」的考慮，把我們的一切注意力和反應都集中在手頭正幹的事情上。如果以這種態度來辦事，我們會感到輕鬆，不再會有倉促和焦急的感覺，可以集中全部精力把要辦的事情幹得更好。

4．睡完一覺，再作決定吧

如果你整天糾纏在一個問題裡沒有任何明顯的進展，最好不再去想這個問題，暫時不做什麼決定，只到你有機會「睡醒覺再來解決它」。請記住，你的創造性機制，在沒有意識中的「我」太多的干涉時，幹起工作來才最出色。在睡眠之中，創造性機制有一個理想的機會，擺脫意識的干擾獨立工作，只要你已經開動了機器的輪子。

你還記得鞋匠和小精靈的童話嗎？鞋匠發現，只要他在休息之前把皮革切好，並把鞋樣畫出來，小精靈就會趁他睡覺時來替他把鞋子作成。很多有發明創造的人也運用類似的技巧。愛迪生夫人說，她丈夫每天臨睡之前，總要把第二天該幹的事情在腦子裡考慮一遍，有時間還把這些事情一一開列出來。

據說，大作家瓦爾特．司各特爵士曾對自己說，如果他的想法還沒有成熟，「沒關係，明天早晨七點鐘，我就有主意了。」劇作家貝克特里夫說，「有好幾次，我晚上把注意力集中在一件事情上，並賦予它詩歌的形式。第二天早晨，我只要拿起筆來，各種詞句就源源不斷地湧現出來，彷彿是自動自發的噴湧而出，而我只需在事後修飾一下就可以了。」

愛迪生著名的「假寐」方法，並不只是為了恢復疲勞而已。羅斯曼在《發明心理學》一書中記載著，「遇到阻礙時，他總是在門羅的實驗室裡躺下休息，打一陣瞌睡，而在睡夢中會忽然產生一個克服困難的想法。」

5．工作時要學會放鬆

在之前，你已經學會了在休息時間如何達到身心兩方面的鬆弛。每天繼續堅持進行放鬆練習，你會越來越熟練。與此同時，你可以在進行日常工作時也引進那種放鬆的感覺和輕鬆自如的態度——如果你能養成習慣並在心裡記住放鬆的舒適感的話。在每天工作時偶然停一停，只需要一小會兒就夠。你利用這點時間詳細地回憶放鬆的感覺，回憶你的手臂、雙腿、後背、頸部和面部的感覺。

有時候，你可以想像自己躺在一張床上或者坐在一張安樂椅上，這種想像可以幫助你回憶放鬆的感覺。在心裡對你自己這樣重複幾遍，「我覺得越來越輕鬆」，也會對你有一定的幫助。

你每天認真地這樣練習幾次，就會驚訝地發現，這種練習能大大地減輕你的疲勞，使你能更好地處理其他問題。因為，通過放鬆練習和保持輕鬆自如的態度，你可以消除對你的創造性機制存在著干擾作用的那些過分的關注、緊張和憂慮感。你的輕鬆自如的態度不久以後就會形成習慣，而用不著你再刻意去練習了。

第五章

思維創造你的一生

——用觀念改變，不是用意志改變

有一天，幼稚園的老師問一群孩子：「花兒為什麼會開？」

第一個孩子說：「花兒睡醒了，它想看看太陽。」

第二個孩子說：「花兒一伸懶腰，就把花朵給推開了。」

第三個孩子說：「花兒一定是想跟我們比一比，看看哪一個小朋友穿的衣服會比它漂亮。」

第四個孩子說：「花兒想看一看有沒有小朋友把它摘走。」

第五個孩子說：「花兒也有耳朵，它伸展身軀，想出來聽一聽，小朋友們在唱什麼歌。」

年輕的幼稚園老師被深深地感動了。

因為，老師原先準備的答案十分簡單，簡單得有幾分枯燥——「花兒為什麼會開？因為，春天來了，天氣變暖和了！」

不要自尋煩惱

人們廣泛接受了這樣一種錯誤的說法，認為理性的、邏輯的、有意識的思維沒有力量支配潛意識過程或人的機制，認為要改變消極的信念、感覺或行為，就需要從「潛意識」中挖掘和抽取內涵。

你的自動機制，或如弗洛伊德所說的「潛意識」，絕對不是人為的。它像機器一樣運轉，本身沒有「意志」。它總是根據你對環境所抱的信念和採取的解釋作出適當的反應。它總是設法給你適當的感覺，達到你有意識地決定的目標。它僅僅根據你以觀念、信仰、解釋、意見等形式給它輸入的數據進行運轉。

你的下意識的機器的「控制鈕」，正是「有意識的思維」。這部下意識的機器，正是通過有意識的思維——雖然可能是非理性的和非現實的思維——來發展其否定的和不適當的反應模式，因而，只有通過有意識的理性思維，才能使自動反應模式得到改變。

在潛意識中「埋藏著」過去失敗的記憶、不愉快的、甚至是痛苦的經歷，但這並不意味著這些東西必須得「發掘出來」，讓人看到並加以分析，才能有效地改變個性。我們曾經指出，一切技藝的學習，都要經歷試驗和錯誤：先試驗一下，如果沒有達到目標，就有意識地記下錯誤的程度，下一次試驗時再糾正偏差，直到「命中」目標，或者說成功地達到原來的目的。這樣，成功的反應模式就被記憶下來，並在以後的試驗中再次出現或者加以「模仿」。

一個人學習擲鐵餅、投標槍、唱歌、開汽車、打高爾夫球，同其他人進行交往，或者學習其他技藝，都要經歷這一過程。一隻「機械鼠」也是這樣尋找鑽出迷宮的途徑。於是，一切「伺服機制」都出於本性而包容著過去的錯誤、失敗、痛苦和其他否定經驗所組成的「記憶」。只要我們適當地把它們當作「否定的反饋資料」，並且認識到它們背離了人所希望的肯定目標，這些否定的經驗就不會消失，而對學習過程產生有益的影響。

然而，要想對錯誤認識到這種程度，並能作出適當的糾正，就必須有意識地忘掉錯誤，記住並「儲存」成功的記憶，這也同樣是十分重要的。

如果我們的意識思維和注意力一直集中在要達到的肯定目標上，往日失敗的記憶就沒有什麼危害。所以，我們最好不要去招惹這些記憶，不要自尋煩惱。

我們的錯誤、過失、失敗甚至屈辱，都是學習的過程中必然要經歷的東西。不過，它們本身並不是目的，而是達到目的的手段。只要它們完成了任務，就應該被拋在腦後。如果我們有意識地沈溺於錯誤之中，甚至因為它們而產生負罪感、時常責備自己，那麼錯誤和失敗本身就會不知不覺地成為一種「目標」，有意識地盤踞在想像之中。一個人最可悲的事莫過於死死糾纏在往日的幻想之中，不斷地　責自己過去所犯的錯誤，不斷地詛咒自己過去的罪惡。

責備自己過去的過失和錯誤不但於事無補，反而可能使你想改變的行為延續下去。如果我們一味糾纏在過去的錯誤上，並且愚蠢地得出結論說，「我昨天失敗了，所以今天必然也要失敗。」那麼，過去造成的錯誤會對目前的行為產生惡劣的影響。不過，這並不「證明」潛意識的反應模式本身有重複和延續的力量，也不是說我們非要把埋葬了的失敗的記憶「徹底根除」以後，才能改變我們的行為。根源是我們的意識，思維的心理，而不是我們的「潛意識」。因為我們所下的結論和選擇我們注意的「目標意象」，是取決於我們個性的思維部分。我們改變主意，停止給「過去」輸入能量的那一瞬間，過去及其錯誤就失去了控制我們的力量。

忘掉過去，追求未來

在這裡我們又能看到催眠術令人信服的證據。一個害羞而靦腆的「牆邊之花」（舞會上找不到舞伴的女子）接受催眠。催眠者告訴她，並且使她相信或以為她是一個大膽、自信的表演者，她的反應模式馬上就改變了。她現在相信什麼就去做什麼，她的注意力完全集中在積極嚮往的目標上，絲毫不去考慮過去的失敗。

布朗德在《醒來生活吧》一書中講到一種觀念，使她成為更多產、更成功的作家，並且挖掘了她過去從來不知道的才華和能力。在親眼看到一次催眠示範後，她又好奇又驚訝，後來偶然讀到心理學家梅耶斯的一句話，她說這句話改變了她的整個一生。梅耶斯的這句話解釋說，被催眠者發揮的才華和能力，歸功於在被催眠狀態「淨化」了過去失敗的記憶。

布朗小姐自問道：如果這在催眠狀態下是可能的，如果一般人平時就有很多才華、能力、力量被過去失敗的記憶所限制而得不到利用，那麼，為什麼在清醒狀態下的人不能夠忘記過去的失敗，「認為他不可能再失敗」，因而使這些力量得到運用呢？她決心自己試一試，在行動的時候先假設自己有必要的力量和能力，而且可以利用這些力量和能力。

在一年之內，她的創作量增加了一倍，作品的銷售量也增加了一倍。令人驚奇的後果出現了：她發現了一種公開演說的才能，覺得自己需要成為一個演說家，而且樂於成為一個演說家。但是在過去，她不僅在演說中沒有表現出什麼才能，而且非常不喜歡演說。

在《幸福之路》一書中，羅素談到改變以錯誤信念為基礎的那些自動反應模式的方法。「運用正確的技巧來改變潛意識的幼稚暗示，甚至改變潛意識的內涵，都是完全可能的事。當你因為某種行為感到懊喪，而理智告訴你那並非是邪惡時，檢查一下懊喪情緒的起因，詳細地向自己說明這些起因的荒謬之處。讓你的意識信念充滿活力，強調這種信念對你的潛意識有強烈的印象，足以抗衡在你孩提時代由你的保姆或母親給你造成的印象。不要滿足於理性時刻和非理性時刻的交替，要仔細審查這種非理性，同時下決心對它予以藐視，不允許它來主宰你。只要它把愚昧的思想和感情強加於你的意志，就把它們連根拔起來，清查一下，然後丟在一邊。不要做一個優柔寡斷、在理性和愚昧幼稚之間搖擺不定的人……

「但是，如果反叛行為是為了成功地給個人帶來幸福，使個人生活中有一個固定的標準，那就不要在兩者之間猶豫不決。你必須對理智所告訴自己的一切加以深思熟慮。大部分人在表面上拋棄了孩提時代的迷信之後，就覺得沒有什麼可擔心的了。他們沒有意識到這類迷信仍然在暗中潛伏著。獲得一種理性的信念之後，就需要仔細研究它，瞭解它的後果，在你的內心查一查是否有同它不一致的其他信念……

我的意思是，一個人應該對自己的理性信念有足夠的重視，不允許相對立的非理性信念不受約束地產生或者支配自己，不管這種信念是什麼。這實際上需要自己在有可能產生幼稚想法的時候用理性約束自己。但是，如果這種理性表現足夠有力的話，它很快就能發揮作用。」

用觀念改變觀念，而不是用意志改變觀念

可以看出，羅素尋找與深刻的信念不一致的觀念時所使用的方法，與普萊斯科特．雷奇的方法在本質上是相同的。雷奇的方法是讓人「看到」自己的否定觀念與其他深刻的信念不一致。雷奇相信，「心理」的本性就是：構成「個性」內涵的一切思想和觀念必須互相一致。如果意識到某種思想不一致，就必須排斥它。

有一位推銷員，他一見到「大人物」就「嚇得要死」。他跟心理醫生談過一次話以後，就克服了這種恐懼與緊張。我在談話時問他：「你見到一個大人物時，是不是

願意四腳著地爬進他的辦公室裡、拜倒在他腳下？」

「當然不願意，」他氣憤地說。

「那麼你為什麼在心理上卑躬屈膝呢？」心理醫生又問他：「你走進一個大人物的辦公室時，願意像個乞丐一樣伸出手來向他要一塊五毛去買咖啡嗎？」

「當然不願意。」

「你明白不明白，你過分關心對方是否讚許你，這本質上就等於乞憐於人？你難道不明白，你這樣做就是伸出手去——乞求他的讚許，乞求他把你當人看嗎？」

雷奇發現，改變信仰和觀念有兩個重要手段。每個人幾乎都恪守他自己的「標準」信念，這就是，一、感覺或相信自己能夠作份內的事情，表現自己的特色，有一定的獨立性；二、相信內心有一種東西是不允許受到侮辱的。

所以，你應該再次檢查和重新評估自己的信念！

理性思維之所以難以認識，原因之一是它很少被人們使用。

挖掘一下在你的否定性表現背後存在的對自己、對外界或對其他人的信念。是不是「總要發生某種事情」使你錯過唾手可得的成功機遇？也許你私下裡覺得自己「不配」得到成功或者不應該得到成功。你是否不習慣與周圍的人進行交往？也許你認為自己比別人低下，或者其他人都對你抱有敵意。你是否在一個相對安全的環境裡也會毫無來由地感到焦慮和恐懼？也許你相信你所生存的世界是一個充滿敵意、缺乏友善、危機四伏的地方，或者是你「應該受到懲罰」。

請記住，行為和感覺都起因於信念。根除那些對你的感情和行為產生影響的信念——對你自己問一個「為什麼」。你是否希望做某件事，希望通過某種途徑表現自己，卻又感覺「我做不了」，因而畏縮不前？問一問你自己，這是「為什麼？」

「為什麼我認為我做不到？」

再問一問自己——「這個信念是以事實為根據，還是以一個假設或者一個錯誤結論為根據？」

然後，問問自己下面幾個問題：

1．這一信念是否有合理的原因？
2．這一信念是否導致我犯錯誤？
3．別人在同樣情況下是否同我的結論相同？
4．如果沒有理由相信它，我為什麼還要繼續這樣做，這樣感覺？

不要隨隨便便把這些問題放過去，要好好動一動腦筋，用心考慮一下。要帶著感情色彩看待這些問題。你是否發現自己欺騙了自己，貶低了自己——不是因為某一個「事實」，而僅僅是因為某一種愚蠢的信念？如果真是這樣，就要努力喚起輕蔑甚至憤怒之情。輕蔑和憤怒有時候也可以解除錯誤觀念的束縛。

一位老農夫說到他在一天之內徹底戒菸的事。那一天，他把菸草忘在家裡，回家去取要走兩英哩，在路上，他「看出」自己屈辱地被一種習慣「支使」著。他不禁勃然大怒，轉過身又朝田野走去。從此之後，他再也沒有抽過菸。

著名律師克萊倫斯．達羅說他的成功是這樣開始的；有一天，他想抵押一批財物借二千美元來買新房子，交易就要做成時，借款人的妻子在旁邊插了一句，「別犯傻

了——他永遠也賺不夠還債的錢。」達羅本人原來也很懷疑自己是否還得起借款，但是聽到她的話之後，「情況就完全不一樣了」。這一天他氣得簡直要發瘋，對這個女人、也對自己感到極端的輕蔑，因此下決心要取得成功。

要以理性思維改變自己的信念和行為，就必須有深切的感覺和強烈的欲望。想像自己會變成什麼樣子或者會得到什麼，暫時假定這些是可以實現的，喚起一股強烈的欲望和熱情。在心裡不斷地想著這些事情。你目前的否定信念是由思想加感情形成的。調動你的感情或者深切的感受，你的新思想和觀念就會把舊的否定信念清除出去。

經過分析之後，你會發現，你在運用過去常用的一種方法——憂慮！

唯一不同的是你將否定的目標改變成肯定的目標。在你產生憂慮時，你首先在想像中非常生動地構思著一幅不你不布望出現的結果或目標。你並沒有努力或者運用意志力，但是你執著於「結局」。你不停地想，集中精力地想，在你心中想像它是「可能的事」。你受支配的觀念是：事情「可能會發生」。

這樣不斷地重複，想到「可能的情況」，使結局對於你來說變得越來越「真實」，經過一段時間後，相應的情緒也會自動地產生出來——恐懼、焦慮和失望。這些情緒都適應著你所憂慮的那個不希望出現的「結局」。但是，如果你改變「目標圖像」，你就能很容易地產生「良好的情緒」。你要不斷地想像和思索一個你希望出現的結局，也可以使它的可能性越來越真實，於是相應的情緒——熱情、歡樂、鼓舞、幸福，等等，也會自動地產生。

出版過《美國劇院史》的作家鄧拉普博士說，「要形成『良好』的情緒習慣、革除『不良』的情緒習慣，我們必須首先解決思想和思想習慣上的問題。『人做為人就要懂得運用內心思維。』」

用理性思維去決定做與不做

請記住，你的自動機制可以很容易地發揮作用，或者是作為一種「失敗機制」，或者是作為一種「成功機制」，這取決於你所供給它的數據和你所為它確立的目標。它基本上是一個追求目標的機制，而它所追求的目標是你決定的。我們有很多人不自覺地、無心地抱著否定的態度，在自己的想像中習慣性地描繪失敗的畫面，從而也就確立了失敗的目標。

還要記住，你的自動機制對於你供給的數據不會進行推理和反詰，它只是占有這些數據，對它們作出適當的反應。

非常重要的一點是，自動機制應當得到與環境有關的真實情況，而這乃是有意識的理性思維的任務：瞭解真相，形成正確的評價、估計和意見。在這層關係上，我們多數人的傾向是低估自己而過高估計了我們所面臨的困難的性質。

艾米爾·居葉說，「永遠應當把你要幹的事，想得容易一些，這樣事情也就容易辦得多了。」心理學家丹尼爾·約瑟林說，「我作過大量的實驗，去尋找使人的思維遲鈍的一般原因，實際上這好像總是因為人們有誇大腦力勞動的困難和重要性的傾向，人們把事情看得過於認真，唯恐自己不能勝任。在平常的談話中，有些人能滔滔不絕，但是一上講台他卻啞口無言了。你必須懂得，如果你能使鄰居有興趣，當然也就能使所有的人都有興趣。這樣，你就不會在大庭廣眾面前張不開。」

理性而有意識的思維的任務是檢查和分析輸入的信息，接受真實的信息，排斥不真實的信息。

很多人往往被朋友所說的一句不留心的話弄得意氣消沈：「你今天早晨氣色不太好！」如果他們覺得被別人排斥和看不起，他們會盲目地「嚥」下這個「事實」：這句話意味著自己不如別人。我們大部分人每天都可能得到否定的暗示。如果我們開動腦筋想一想，就不必盲目地接受這些否定的暗示。「這也不見得吧」——就是一句很不錯的想法。

有意識的邏輯思維的任務是形成符合邏輯的、正確的結論。「我過去失敗過一次，因此以後還可能失敗。」這既不符合邏輯，也沒有任何道理。不經過自己的嘗試，在沒有任何相反的證據時就事先做結論說「我不行！」這是不合理的。

有人在被問到是否能彈鋼琴時，他回說「我不知道！」、「你說不知道是什麼意思？」、「因為我還沒試過。」我們應該向這個人看齊。

理性而有意識的思維的任務，是決定你要做的事，選擇你希望達到的目標——把注意力集中在這些事上，而不是關注你所不希望做的事。把時間和精力花在你不想做的事情上也是不合理性的。前總統艾森豪威爾在第二次世界大戰中擔任統帥，有人問他：如果突擊部隊從義大利海灘被擊退到海上時，對盟軍行動會產生什麼影響，他回答道：「那將是相當不妙的，不過我從來不考慮這種可能性。」

你的有意識思維的任務還在於特別注意你手頭的工作，注意你正在做的事和你身邊發生的事，使你感官收到的信息，能夠讓你的自動機制及時參考你的環境，做出自然的反應。在棒球術語中，這就叫「眼睛緊盯著球」。

然而，你的理性而有意識的思維的任務不是去創造或者「完成」手頭的工作。如果在該運用的時候沒有去運用意識的思維，或者在不該運用的時候又想去運用它，都要惹出麻煩來。我們不能通過意識的努力，從創造性機制中榨出創造的思維。我們也不能憑藉有意識的努力來完成該做的工作。正因為我們嘗試過而不能如願，我們才感到擔心、焦慮、受挫折。自動機制是無意識的。我們看不到那輪子的轉動。我們不知道水面下發生的事。因為它針對目前的需要自發地產生反應，我們事先不能確保會得到答案。我們不得不信任它。只有憑藉信任與行動我們才能收到信號或發現奇蹟。

總而言之，意識的理性思維選擇目標，收集信息，做出結論、評價和估計，然後才使自動機制運行起來。然而，它不對後果負責任。我們必須學會做自己的工作，根據最可行的設計行事，讓結果去自由發展吧！

第六章

危機就是轉機

——危機往往在不經意間創造出活路

拿破崙在遠征俄國的時候，又遇到了大風雪，軍士們被凍得畏畏縮縮地，簡直無法前進了，於是他揮動著指揮刀，走在前面疾呼：「最困難的時候，也就是離成功不遠的時候了！」

只要活著，壓力就一直會存在

在危急關頭，我們可能會學得很快，但是不會學得很好。將一個不會游泳的人扔到沒頂深的水裡，這種危機本身也許能給他力量划水而免於一死。他的確學得很快，而且能勉強算是游泳，但絕不會由此而學成一位游泳冠軍的爭奪者。他用來救助自己的那種僵硬的划水動作會「固定」下來，使他難於學會更好的游泳姿式。在需要他游一段長距離的真正危急關頭，他那種不合格的動作終究會使他遭到不幸。

加利福尼亞大學的心理學家和動物行為專家托爾曼博士說，動物和人類在學習的過程中，都會形成識別環境的「腦地圖」或者「識別圖」。如果在學習中沒有太強烈的動機和太嚴重的危機出現，這些地圖就是廣泛而一般性的，如果動物的動機太強烈，識別圖就變得狹窄而嚴謹，它所學到的也只是解決問題的一種方式。如果後來這種方式被阻塞，動物就要受到挫折，找不到一種替換的路線或方法。它培養出來的是「一種反應」，是預先養成的反應，簡單而枯燥，對於一種新情況往往失去自然反應的能力。它不能隨機應變，只能遵循原有的方針。

1．壓力耽誤學習

托爾曼博士發現，如果允許老鼠在「非緊要關頭」學習和實踐，它們以後在緊要關頭就能應付自如。舉例來說，如果在給老鼠吃飽喝足的情況下，讓它們隨意亂跑和尋找一個迷宮的出口，他們看上去什麼也沒有學到。然而，如果這些老鼠後來在飢餓中被放進這個迷宮時，它們表明自己已經學到過很多東西，可以迅速而有效地達到目標。飢餓給這些訓練過的老鼠造成一個危機，而它們在這個危機面前反應良好。

其他一些老鼠在飢餓和乾渴的危急情況下，會被迫學習出迷宮的方法，可它們就學不了這個逃出迷宮的具體方法。由於它們的動機過於強烈，「腦地圖」也變得狹窄了。通向目標的一條「正確」線路固定下來，如果這條路被阻塞了，它們就會被困在那裡、很不容易找到一條新的線路。

學習條件的危急程度越嚴重，你所學到的東西就越少。

哈佛大學教授布魯那曾經訓練兩組老鼠走出迷宮尋找食物。第一組老鼠十二小時沒有餵食，經過六次嘗試之後走出迷宮；第二組老鼠三十六小時沒有餵食，它們走出迷宮至少要二十次以上的嘗試。

2．非緊要關頭的救火演習

人的反應也是如此。人從失火的建築物裡尋找出逃路線所花的時間，一般要比在正常情況下學會逃離現場的時間多兩三倍，有些人甚至根本就找不到。過分強烈的動

機干擾了推理的過程，自動反應機制被過多的意識努力所阻塞。與「目的顫抖」相同的東西產生了，進行清晰思維的能力卻喪失了。那些勉強逃出建築物的人學到的也只是一種狹隘的、固定的反應。把他們放到另一座建築中，或者把環境稍微變一下，他們的反應同第一次一樣糟糕。

不過，你可以讓這些人在沒有著火的情況下進行消防訓練。由於沒有威脅，也就不會有過量的否定反饋來干擾清晰的思維和正確的行動。他們能平靜地、有效地、正確地、有秩序地逃離建築物。這樣訓練幾次之後，如果真的發生火災，你可以相信他們會以同樣的方式行動。他們的肌肉、神經和大腦已經銘記了一幅廣泛、概括、有伸縮性的「地圖」，平靜和頭腦清晰的態度可以從消防訓練場合「混擾」到火災現場。更重要的是，他們將學會逃離任何建築物的某種方法，可以應付任何變化了的環境。他們不局限於一種僵死的反應，而是能夠隨機應變——不管出現什麼情況，都能作出自發的反應。

顯然，人和老鼠都能夠得到這樣的教益：在沒有壓力時進行訓練，就能學得更有成效，而且在危急關頭也能表現得更好。

3．「假想拳擊」不可思議的效果

「假想拳擊」就是「空拳練習」，即假裝面對一名對手，而使用自身熟悉的技巧，打敗對方，這也是訓練拳手的戰術思考力與想像力。

科貝特先生使「假想拳擊」成為人所共知的一個名詞。有人曾問他如何練習左直拳的完美控制與時機掌握，從而徹底擊敗強健的對手，他回答說，在準備比賽前他曾經對著鏡子中他自己的形象用左手出擊過一萬次以上。

著名的蘇格蘭演員和喜劇大師哈利·勞德爵士有一次承認說，在公開演出之前，一個姿勢可能要私下裡預演一萬次以上。勞德實際上是與想像中的觀眾在進行「假想拳擊」。

比利·格萊漢姆曾經在佛羅里達州的沼澤地裡對著枯樹殘幹練習布道，使他後來站在講台上對真實的聽眾演講時有強烈的感染力。大部分出色的演說家都用不同的方式進行過同樣的練習。演說家最常用的「假想拳擊」形式，是對鏡子裡自己的形象發表演說。我認識一個人，他常常擺出六至八個椅子，想像椅子上坐著人，然後對想像中的聽眾練習他的發言。

班・赫根在定期參加高爾夫球比賽時，常常在寢室裡也放一根球桿，每天進行私下的練習，正確地、毫無壓力地揮動球桿打擊想像中的高爾夫球。實際入場比賽後，他在擊球之前要把正確的動作想像一遍，然後依靠「肌肉記憶」來完成正確完美的擊球動作。

有些運動員盡量在沒有壓力的情況下練習，他們或他們的教練拒絕記者觀看練習，甚至不願意向大家公布練習的情況，以避免運動員受到壓力。訓練或練習也盡一切可能安排得輕鬆和沒有壓力，使他們在參加比賽的緊急關頭，沒有任何神經緊張的表現。他們變成了「冰凍人」，對壓力無動於衷，不擔心自己的表現如何，只是憑藉「肌肉記憶」來完成他們學到的各種動作。

「假想拳擊」或「無壓力練習」的技巧非常簡單，效果也非常顯著，所以有些人往往把它同某種魔術聯繫起來。

4．空拳練習「啟動」自我表現

自我表現是將自我所具有的力量、才華和能力「推出」或「顯現」出來，它等於開啟你自己的電源，使它發光。自我表現是「肯定」反應，壓抑是「否定」反應，它阻塞自我表現，關閉或遮暗你的光芒。

在空拳拳擊練習中，你的自我表現不受壓抑因素的影響，所以你能學到正確的動作。你在記憶裡構成一幅地圖，一張廣泛、概括、有伸縮性的地圖，以後你遇到危急關頭，面臨實際的威脅或壓抑性因素時，你就會作出平靜而正確的反應。在你的肌肉、神經和大腦裡會產生從練習到實際應用的「混擾」。

更重要的是，因為你學會了放鬆和去除壓力，你能夠應付局勢，隨機應變，自然而然地行動。同時，你的空拳拳擊建立了一幅心理上的自我肖像——正確地、成功地行動。這個成功的自我意象也能使你表現更好。

5．空炮彈射擊培養射擊技巧

射擊新手一定有這種經驗，只要不是正式射擊，他能夠把槍舉得紋絲不動。用空槍瞄準靶子時，他的手很穩；而把槍裝上子彈實地射擊時，「目的顫抖」就產生了：槍身不可控制地上下左右晃動，就像你的手在穿針引線時一樣。（編按·目的顫抖：即目的性越強，就越不能成功，像在穿針時，越想急著穿過去，卻偏偏穿不過去。）

幾乎所有的優秀射擊教練都建議多練習空炮彈射擊來克服這種情況。射擊手鎮定而謹慎地瞄準，對著牆上的靶子按動扳機、擊發。他冷靜而謹慎注意自己如何舉槍，槍身是否歪斜、扳機是否扣得太緊。他在平靜中養成好的習慣。由於沒有過度謹慎和對結果的過度擔憂，就不會產生目的顫抖。經過幾千次空炮彈射擊練習，射擊生手會發現，在握住上了實彈的手槍，進行實地射擊的時候，也處於同樣的心理狀態，完成同樣鎮定、謹慎的動作。

我的一個朋友也用同樣的方法練習打鵪鶉。想射中飛行目標的念頭，鵪鶉起飛時的叫聲，以及他對結果的急切心理或者說過分的動機，使他幾乎每一次都打不中目標。他學過了「假想拳擊」之後再去打獵時，第一天先帶著一隻空彈槍出去。他用不著再激動，因為他打不出真子彈去，拿著空槍的人是不會有過分動機的。他用空彈槍一天大約「射中」了二十隻鵪鶉。等到他真的射出六發實彈時，一切焦急和神經質都不復存在了。同伴覺得他有點兒精神不正常，可在第二天當射中第八隻鳥時他就恢復了自己的名譽，而且取得了十七槍射中十五隻鵪鶉的好成績！

讓「緊張」為你服務

「危機（crisis）」來源於希臘語，它的意思是指「決定性」或「危急關頭」，指的是危急存亡之際；成敗關頭。也可以解釋為轉折點。

一個危急關頭就像路上的岔口，一條通向希望和好的結局，另一條通向壞的結局。在醫學上，「危急關頭」是一個轉折點，患者不是情況惡化或者死亡，就是康復或得到新生。

因此，每一種危急局勢都存在兩種發展的可能性。棒球賽到第九局（最終局），雙方平手，對方三人在壘，在這種關鍵時刻上場的投手，可以成為英雄而受到尊敬，也可能丟掉全局而被人唾罵、丟紙杯。

德偉恩·凱西是最成功、最冷靜、善於解圍的投手之一。有人曾問他在球賽的關鍵時刻上場時有什麼想法，他說，「我永是想著我要幹的事和我希望發生的事，而不去想擊球手要怎麼樣，或者我將面臨什麼情況。」他說他把注意力集中在他希望發生的事上，覺得自己能使它發生，而事情往往就是這樣發生了。

這種態度同樣是在危急時刻作出良好反應的重要關鍵。如果我們面臨危機時，能採取主動進取的態度而不是消極防禦的態度，危機本身就可以作為一種刺激物來釋放你的潛在力量。

我認識一個身材細高而瘦弱的人，當他的房子發生火災時，他用一隻手把一架豎鋼琴抬起來走出房間，下了三層台階，跨過四英吋高的欄杆，然後把鋼琴放到草坪的中央；而這部鋼琴原來是請了六個強健的男人才在屋子裡擺好的。但在危急關頭，一個瘦弱的人受到危急的刺激，自己竟能把它搬了出來。

1．危急激發力量

神經病學家哈德菲爾德深入研究過在危急時刻對普通男女產生極大幫助的非凡力量——身體上的、心理上的、感情上的和精神上的力量。

「十分平凡的人，在緊急情況下，也能忽然產生力量進行自助，這種方式是非常奇妙的。」他說，「我們過著拘謹的生活，避開困難的任務，除非我們被迫去作或者下決心去作時，才立即會產生無形的力量。我們面臨危險時，勇氣就產生了；被迫接受長期的考驗時，就發現自己擁有持久的耐力；災難最終造成我們懼怕的後果時，我們會發現內在的潛力，彷彿是出自永恆手臂的力量。一般的經驗告訴我們，當形勢特別需要我們的時候，只要我們無所畏懼地接受挑戰、自信地發揮我們的力量，任何危險或困難都會激發能量。

關鍵在於「無所畏懼地接受挑戰」和「自信地發揮我們自己的力量」這種態度。這意味著保持一種進取的、追求目標的態度，而不是防禦的、退避的或消極的態度：「不管發生什麼情況，我都能應付自如，或者看到解決問題的方法」，而不是「我希望什麼事情也別發生」。

2．心中常有自己的目標

這種態度的關鍵是保持目標定向，把自己的積極目標在心中牢牢固定下來。你希望「通過」危機體驗來達到你的目標。你保持原來的積極目標，不因為危急情況而轉入第二個目標——逃跑、躲藏和回避的欲望。或者用詹姆斯的話來說，你的態度是「戰鬥的」，而不是恐懼和逃避的態度。如果你能這樣做，危急情況本身就可以作為一種刺激來釋放額外的能量幫助你達到目標。

雷奇說過，情緒的目的是「重新加強」或增添額外的力量，而不是脆弱的標記。他相信只有一種基本的情緒——「激動」，它到底是表現為恐懼、憤怒還是勇氣，取決於我們當時的內在目標——我們是在心裡準備好克服困難、逃避困難還是消滅困難。「真正的問題並不在於控制情感，而是控制那種會加強情緒力量的選擇。」

如果你的意向或態度的目的是向前進，如果是要充分利用關鍵時刻，即使情況危急也要取勝，那麼，這時候的興奮將加強你的傾向性——它會給你更多的勇氣和更多的力量幫助你前進。如果你失去了原來的目標，你的態度目的是為了逃避危機，尋找方法回避，那麼，這種逃跑的傾向也會得到加強，你就會體驗到恐慌和憂慮。

3．不要把興奮當成恐懼

很多人所犯的錯誤是，習慣地把興奮之情解釋為恐懼和憂慮。從而認為它是不適當或不正常的現象。

任何一個正常人，如果對局勢有理智的分析的話，在危機局勢面前都會變得「興奮」或者「緊張」。在你把它朝向你的目標之前，這種興奮既不是恐懼、憂慮，也不是勇氣、信心，只不過是你鍋爐裡面情感蒸汽的強化劑而已。它不是軟弱的象徵，而只是一種附加力量的標記，不論你選擇哪個方向，都可以利用這種力量。

杰克．登普西外號「黑小子」，他在拳擊之前過於緊張，連鬍子也不會自己刮，站也不是，坐也不是。但是，他並不把這種興奮當作恐懼，也不因此而決定逃避。他勇往直前，利用這種興奮使他的打擊更具有威力。

有經驗的演員知道，表演之前的這種興奮感是一個好的徵兆。他們很多人在登台之前有意地從感情上「調動他們自己」。出色的士兵通常也是在戰鬥之前都會「覺得十分興奮」而躍躍欲試的人。

有些人在參加重要考試的時候顯得十分興奮，所以不能清晰地思考，甚至連筆也拿不穩。在同樣的環境中，有些人卻充滿靈感，能夠超水平地發揮，他們的腦子比平時更靈活，思路也更清晰，記憶力也尤為敏銳。造成兩種不同情況的不是興奮本身，而是要如何利用這種興奮激發出來的力量！

最糟糕的情況是什麼？

不少人往往過分誇大「危急形勢」帶來的潛在「懲罰」與「失敗」。我們用自己的想像來同自己作對，把事情小題大作；要不就是完全不用自己的想像去認識真實情況，而是作出習慣性的和不加思索的反應，彷彿每一小小的機會或威脅都是生死攸關的大事。

如果你面臨真正的危急關頭，就需要產生大量的興奮感。興奮感在危急關頭能帶

來很多好處。然而，如果你過高地估計了危險或困難，如果你對錯誤的、歪曲的或不真實的信息作出反應，你就很可能產生過度的興奮。由於實際威脅遠遠不像你估計的那麼嚴重，所有這些興奮感就不能得到適當的利用，不能通過創造性行為去「排除掉」，於是，它們就留在你的內心裡，封存起來，成為「煩躁心理」。

極度的過量興奮會對你的表現有害無益，就因為這種興奮太不適當。

英國大哲學家羅素，他談到過一種應用於自身來緩和過度興奮的技巧：「遇到不幸的威脅時，認真而仔細地考慮一下，最糟糕的情況可能是什麼？正視這種不幸，找到充分的理由使自己相信，這畢竟不是那麼可怕的災難。這種理由總是存在的，因為在最壞的情況下，在個人身上發生的一切絕不會重要到影響世界的程度。你堅持面對最壞的可能性，懷著真誠的信心對自己說，『不管怎麼樣，這沒有太大的關係。』這樣，經過一段時間後，你會發現你的憂慮減少到了一個非常小的程度。也許你需要把這個過程重複幾次，但是到最後，如果你面對最壞的情況也不躲縮，你的憂慮已經完全消失，代之而起的是一種喜悅之情。」

卡萊爾（十九世紀英國著名作家、歷史家和哲學家）曾經證實，同樣的方法把他的前途從「永久的否定」轉變為「永久的肯定」。

他曾一度陷入精神上深深的絕望之中：「我的星辰已經消隱了，陰沈的天幕上沒有閃爍的星光……宇宙像是龐大、死寂、無法抗拒的發動機，在死一般的冷漠中不停地轉動，把我的軀體一點點地碾碎。」

在這種精神頹廢之中，忽然出現了一條新的生活之路，「我問自己：『你懼怕什麼？你為什麼要像一個懦夫，只知道抱怨與悲泣，只會退縮和顫抖？可憐蟲！你面前最可怕的東西能是什麼？死亡？好，那就去死，再加上地獄的痛苦，加上一切魔鬼和人類可能給你帶來的傷害！假如你沒有心肝，就不會承受死亡的一切苦難；你作為自由之子，縱然被拋棄，也要把地獄踩在腳下，這時候死亡又能把你怎樣？讓死亡來臨吧，我將迎接它，戰勝它！』」

「在我這樣想的時候，好像有一團火焰在我整個心靈中燃燒了起來，使我把卑下的恐懼永遠抖落掉了。我感到自己強大了起來，有一股不可名狀的力量；那是一種精神，甚至是一位神靈。從那以後，我抑鬱的秉性改變了，不再是恐怖或者哀怨，而是憤怒和蔑視了。」

羅素與卡萊爾所告訴我們的是，即使在非常現實和嚴重的威脅或者危險出現時，我們也能夠保持一種進取的、追求目標的、自決的態度。

不過，我們大多數人聽任自己被非常微小的、甚至是想像的威脅「拋出正軌」，我們偏要把這種威脅解釋為生死攸關的局勢。

有人說過，各種積弊的最重要原因是小題大做。一位拜訪重要顧客的推銷員可能會把他的行動看作生死存亡的大事；一位初入社交界的少女可能把第一次舞會當作她終生的判決；很多人為了尋求職業與別人面談時「怕得要死」，等等。

很多人在危急關頭所產生的這種「生死存亡」的感覺，也許是從我們遙遠而朦朧的歷史上繼承的遺產，當時，「失敗」對於原始人來說往往是「死亡」的同義詞。

不管它的起源如何，無數患者的經驗證明，冷靜而理智地分析形勢就能克服這種毛病。你應當問問自己：「如果我失敗的話，最糟糕的情況可能是什麼？」而不應當自動地、盲目地、不合理性地作出反應。

不相信的話，重新去看一遍「玩命關頭」的各集電影（從第一部到目前第九部）一集比一集狠，命也越玩越大條，從大街移到天涯海角從地上跑上天空……雖是電影，卻把人性的激情發揮得淋漓盡至。

你將會有什麼損失？

經過詳細的觀察可以發現，日常生活中這些所謂的「危急關頭」，絕大部分都與生死無關，只是一種進展或留在原地不動的機會而已。舉例來說，推銷員能遇到哪種最糟的情況呢？他或者是得到一份訂貨單、使自己的處境比過去好一些，或者是拿不到訂貨單，跟他訪問顧客以前的處境沒有什麼兩樣。申請工作的人或是得到這份工作，或是得不到。得不到工作，他的地位也跟申請前一樣。初入社交界的少女所能遇到的最壞的情況，莫過於停留在舞會前默默無聞，僅僅是沒有在社交界激起軒然大波

罷了。

很少有人意識到態度這麼簡單地改變一下會有多大的潛力。我認識一位推銷員，他把自己的態度從對前途的驚恐不安——「一切都取決於這一次」——改變為「我只會有收獲而不會有損失」的態度，從而使收入翻了一番。

演員艾略特．佩吉奧曾經說過，他的第一次公開演出一敗塗地，當時他「嚇得要命」。然而，在第二次出場之前，他對自己解釋說，既然已經失敗了，就不會再有什麼損失；如果他完全放棄演出，只能是一個徹底失敗的演員。因此，他要是再回到舞台上，也就沒有什麼牽掛了。於是，第二次演出時，他舉止輕鬆，充滿自信，終於大獲成功。

因此，首先要記住，解決危機的關鍵就是「你自己」。練習並學會以上的簡單技巧，你就能像走在你前面的千百個人那樣，把危急關頭轉化為有所創造的機會，使危急形勢為你服務。

再次啟動你的成功機制

所以，如果我們對失敗耿耿於懷，不斷地以生動的細節向自己描繪失敗的圖像，使它在神經系統中變為「真實」，那麼，我們會體驗到伴隨失敗而產生的感覺。

反過來說，如果我們心中銘記著積極的目標，生動地向自己描繪成功的圖像，使它變為「真實」，並且把它看作一個實現了的東西，那麼，我們也會體驗到「勝利的感受」：自信、勇氣、深信結果一定會令人滿意。

我們無法窺視我們的創造性機制內部，無法看到它是向成功還是向失敗前進。但是，我們可以憑自己的感覺來決定它的目前「位置」。如果它是「位於成功方向」我們就能體驗到「勝利感」。

如果說開動下意識創造性機制有什麼簡單的秘訣的話，那就是——喚起、捕捉或激發成功的感受。你感到成功和自信的時候，你實際上往往也就成功了。如果這種感受十分強烈，你就完全不會犯錯誤。

「必勝信念」本身並不會使你成功地操作，但是它本質上勝過一種象徵，表示我們正朝著成功前進。它更像是一個溫度計，不使房間產生熱量，而只是檢測這種熱量。不過，溫度計對我們有很大的實用價值。請記住：當你體驗到必勝的感覺時，你的內在機制已經對準了成功的方向。

但是，過於努力和有意識地培養自發性等於摧毀自發性行為。更容易和更有效的方法是，只說明你的目標或最終結果，對你自己生動清晰地加以描繪，然後捕捉你在理想目標實現時所體驗的感覺，你就會作出自發的和創造性的反應，你就是在利用超意識的心理力量，你的內在機制就會向成功方向開動起來，指引你作出正確的肌肉動作和調整，向你提供創造性觀念，並且完成一切必要的任務以實現你的目標。

「必勝的感覺」贏得比賽

米德爾科夫博士說過，「必勝的感覺」是高爾夫球賽中取勝的真正秘訣。「去年的名人賽中，我參加第一輪比賽的前四天產生了一種感覺，覺得這次比賽我一定會贏，」他說，「我覺得我振臂揮桿的每一個動作都使肌肉處於最佳狀態，擊球也極其準確。在擊球入洞時這種奇妙的感覺也一直伴隨著我。我知道自己並沒有變換姿勢，雙腳的位置也和平常一樣，但是我的感覺方式中有某種東西好像給我畫出了通往球洞的一條直線，這條線清晰得就像刻在我的大腦上一樣。有這種感覺之後，我要做的事只是揮動球桿、聽其自然了。」

米德爾科夫博士又說，「必勝的感覺是每一個優秀高爾夫球手的秘訣；」你有這種感覺，連球都會聽你的話，甚至能控制那種被稱為「運氣」的不可捉摸的因素。

唐·拉爾森是世界棒球比賽中唯一一個在全場比賽中投球全部成功的投球手，他說在比賽前一天夜裡產生了一種「瘋狂的感覺」，覺得第二天的投球會無懈可擊。

幾年前，全國各家報紙的體育欄以醒目的標題報導了強尼·孟格爾在一場保齡球賽上的動人的表演。「那天早晨我一起床，就覺得我那一天會賽出好成績，」孟格爾在賽後和記者如此說。

控制論科學的發展使人們對「必勝感」的作用有了新的認識。就像電子伺服機制如何利用存貯的數據（相當於人的記憶）來「記憶」成功的行動並加以重複。技巧的學習大體上來說也就是一種試驗與錯誤之間的反複練習，直到一系列「擊中目標」或成功的行動記錄在我們腦海裡。

控制論科學家製造了所謂的「電子鼠」，它能夠學會走出迷宮的方法。電子鼠在第一次嘗試，要犯很多錯誤，不停地撞到牆上或障礙物。但每一次撞到障礙時，它就轉九十度的方向前進。如果又撞到牆上，它再轉九十度，繼續前進。最後，經過一次又一次的錯誤、停頓和轉向，電子鼠終於走出迷宮的出口。不過，電子鼠能「記憶」成功的轉向法，下一次嘗試的時候，這些成功的動作就再現出來，使它能更迅速、更有效地走出迷宮。

實驗的目的在於創造重複的嘗試，不斷地糾正錯誤，直到「擊中」目標。一個成功的行為模式表現出來時，整個行為模式從始至終不僅會存貯在我們所說的意識記憶中，而且存貯在我們的神經和肌肉組織中。

米德爾科夫博士所說的那某種存在於他感覺方式中的東西，「好像給我畫出了通往球洞的一條直線，這條線清晰得就像刻在我的大腦上一樣。」這話也許是不知不覺地、但非常確切地表述了最新的科學概念，它使我們瞭解到，在學習、記憶或幻想的時候，人的大腦中會有什麼現象發生。

大腦會記錄成功與失敗

大腦生理學方面的專家告訴我們，人的大腦皮層含有約一百億個神經原，每一個神經原帶有很多軸突（感覺器），它們形成神經原與神經原之間的觸聯（電性突觸）。在我們思維、記憶或想像時，這些神經原就釋放出可以測知的電流。在我們學習或體驗某種東西時，一些神經原就在我們大腦組織中形成「鏈」（或者說在腦中刻下某種模式），這種「模式」本質上不是物理上的「溝痕」或「印記」，而是一種「電路」——不同神經原之間的排列和電性突觸，類似於錄音帶上記錄的磁性結構。

這樣，同一個神經原可能成為任何獨立存在的模式的一部分，使人的大腦有幾乎無窮無盡的學習和記憶的能力。

這些模式或痕記，在大腦組織中存貯起來，以備將來之用，只要我們記憶起一個過去的經驗，它們就會復活，或者「重新放出」。

簡單地說，科學已經證實，你的大腦中能「刻下」或銘記你過去所完成的任何一種成功的動作，如果你能「煥發才智」，給這種動作模式注入生命力，或者「重新放出」它們，它們就會自己發揮作用，而你就只需要「揮動球桿」，「聽其自然」。

當你重新喚起過去成功的行為模式時，你也重新喚起了與之相伴隨的感情基調，即「必勝的感覺」。而且，如果你能重新捕捉到這種「必勝感」，你也就激發了與之相伴隨的一切「必勝行動」。

哈佛大學校長艾略特曾經發表過題為《成功的習慣》的演說。他認為，很多小學生功課不好，其原因在於他們一開始就沒有足夠的、可能使他們成功的功課可學，沒有機會培養「成功的氣氛」，或者我們所說的「必勝的感覺」。

他說，從小在學校生活中體驗不到成功的學生，沒有機會培養「成功的習慣」，即從事新工作時習慣性的真誠和自信。他鼓勵教師們在低年級安排一些功課，確保學生們能體驗到成功。這種功課一定要不超出學生的能力範圍，同時還要激起學生的興趣和熱情。艾略特博士說，這些微小的成功給學生造成「成功的感覺」，對於他將來承擔的工作有巨大的幫助。

我們是可以養成「成功習慣」的；遵循艾略特博士對教師們的忠告，我們可以在任何時候、任何年齡把成功的模式和感覺注入我們的大腦皮質。如果我們習慣遭受失敗的折磨，我們很容易養成習慣性的「失敗感」，使我們一切新任務蒙上黯淡的色彩。但是，通過某種安排，我們可以在小事上獲得成功，建立起成功的氣氛，它將會「混擾」到新的工作中。我們可以逐漸承擔更困難的任務，在取得成功之後，再立足於迎接更嚴峻的挑戰。成功完全是建立在成功感上的，有句老話就是前人的經驗談：「一事成功，萬事順利。」

如何培養信心和勇氣

信心和勇氣也完全按照同樣的方法產生，只不過你的目標有所不同。如果你打算把時間花在顧慮上，為什麼不是建設性的顧慮呢？你一開始應該自己概括和規畫最希望出現的結果，並提出你的「假設」；「假如最可能出現的結果真的出現了呢？」然後提醒你自己，這畢竟是可能出現的事。到此為止，還不是將要出現，只是可能而已。提醒你自己：好的和你所希望的結果確實是可能的。

你可以在心理上接受和消化這些「劑量」逐漸增大的信心和樂觀主義。把這個希望的結果理解成明確的「可能性」之後，開始想像希望的結果會是什麼樣子，不斷給自己展現這些畫面，描繪它的每一個細節和微妙之處，反覆「把玩」它們。等你的心理圖像經過多次重複而變得十分詳細後，你會發現相應的感覺再一次自行產生了，就像有利的後果已經出現一樣。這一次，相應的感情將是信心、自信、勇氣等等——合併在一起就是「必勝的感覺」。

1．不要與恐懼妥協

喬治．巴頓將軍是第二次世界大戰中的著名將領。有人曾問他在戰鬥之前是否感到過恐懼。他回答說，是的，在重大戰役之前或者在某次戰鬥之中，他常常感到恐懼，但是他又說，「不過，我從來不與恐懼妥協。」

如果你在承擔一項重要任務之前，也和別人一樣體驗到消極失敗的感情——恐懼和憂慮，不要把它當作你失敗的「有力象徵」。關鍵要看你對這些感情的反應和對它們採取的態度。如果你聽從它們，屈服於它們，同它們「達成妥協」，你的表現很可能不佳。但這不是絕對的。首先，理解這種失敗感——恐懼、憂慮、缺乏自信——是很重要的，它們不是神的意旨，不是注定的命運，也不是天使的誓言。其次是，它們起源於你的內心，只代表著你內心的態度——而不是與你對立的外在事物。它們只意味著你低估了自己的能力、誇大了你所面臨的困難的性質，說明你調動的不是過去成

功的記憶、而是失敗的記憶。失敗感的全部意義不過如此而已，它們不代表與未來事件有關的真理，只代表你對將來事件的心理態度。

瞭解了這一點，你就可以不受約束地接受或拒絕這些消極失敗的感覺；或者是服從、妥協，或者是忽視和拋棄它們繼續前進。更重要的是，你可以立足於利一點用它為你服務。

2．把消極感情作為一種挑戰

如果我們以積極進取的態度對消極的感情作出反應，它就會變成一種挑戰，自動地激發起我們內心更多的能量和才華。困難、威脅和恐嚇的觀念，如果得到的是進取的而不是被動的反應，就會激起我們內心額外的力量。我們說過，一定程度的「興奮」，如果得到正確的解釋和應用，可以有助於（而不是有害於）人的表現。

這完全取決於個人及其採取的態度：是把它當作資產還是當作債務。在這一方面很有影響力的例子，是杜克大學心理實驗室主任萊恩所作的實驗。萊恩博士說，旁觀者否定的暗示，不在意和不相信的表現，在一般情況下，會對一個「猜測」某一疊紙牌順序的應試者或考驗其遙測能力的應試者產生決定性的不利影響。稱讚、鼓勵或「附和」被實驗者，差不多總能提高他的成績。打擊和消極的暗示則往往使考試成績迅速地、戲劇性地下降。然而，有時候被實驗者也會把這種否定暗示作為一種「挑戰」，比過去表現得更出色。例如，有個叫皮爾斯的被實驗者，在這種情況下比平常的無干擾猜測所得分要高得多。

3．應付自己的消極暗示

誰都知道，有這樣一些人，只要聽到別人說一句「你辦不了」，就可能灰心喪氣，甚至遭到失敗；相反，有些人在同樣的場合卻能夠奮起，成功的決心比以往更強烈。亨利・凱瑟爾的一位助手說，「如果你不希望亨利幹一件事，千萬不要跟他說那件事辦不到或者他不能幹，因為那樣一來，他辦不到就絕不罷休。」

對我們自己的感情提出的「否定建議」，我們應當作出進取的和積極的反應，就像對待別人的否定建議一樣，這不僅是可以辦到的，而且是非常實用的。

4．用美好來戰勝邪惡

感情不可能直接由意志力來控制，不可能自願地服從命令，或者像水龍頭一樣開關自如。然而，它不接受命令，卻可以接受勸誘；如果不能由意志的直接行為來控制，可以間接地加以控制。

一種「惡劣」的情感不會被有意識的努力或者「意志力」驅除。不過，它卻可以被另一種感情驅除。正面攻擊如果無法趕走消極感情，可以用積極的感情取而代之。

要記住，感情是隨想像產生的。感情是同我們的神經系統接受的「真實」或「真實環境」相一致、相吻合的。只要我們發現自己體驗到不希望的感情基調，就不應該集中注意這種不希望的感情，甚至應把它清除出去。相反，我們應當立即把注意力集中在積極的意象上——使我們的心裡充滿完全的、積極的、令人嚮往的想像和記憶。如果我們能這樣做的話，否定的感情就會自己消滅掉，我們就會培養適應於新意象的新的感情基調。

相反，如果我們僅僅注意「驅除」或攻擊憂慮的思想，我們就必須把精力放在消極的東西上。這樣，即使我們成功地趕走了一種憂慮，另一種或幾種更嚴重的憂慮可能會乘虛而入，因為此時一般的心理氣氛仍然是消極的。

5．決定要靠你自己來做

你的內心是積蓄過去的經驗和情感的巨大心理記憶倉庫，裡面有成功的經驗，也有失敗的經驗。就像錄音帶錄下的東西一樣，這些經驗和情感也記錄在大腦皮質的神經印象中，其中有結局快樂的故事，也有悲劇結局的歷史，每一個都是真實而清楚的。選擇哪一個來重放要取決於你自己。

關於這種「神經印象」還有另一項有趣的科學發現，那就是，它可以改變或者修正，就像錄音帶可以附錄上額外的東西，或者用新錄的內容把舊的內容抹去一樣。

科學家告訴我們，人腦中的這些印象每一次被「重放」的時候，都會有輕微的變化，它們會沾染上我們目前對它的情緒、想法和態度的基調和特徵。而且，每一個神經原都可能變成上百個獨立存在的模式的一部分，就像果園裡的每一棵樹都可以成為某個正方形、矩形、三角形或更大的多邊形的一部分。

在原來的印象中的神經原本是這一印象的一部分，現在又染上另一印象的特徵，變成後者的一部分，這樣一來，使原來的印象也有了一定的改變。這種現象不僅有趣，而且能鼓舞人心。它使我們有理由相信，童年時代不幸的經歷和「創傷」等等，並不像從前的心理學家主張的那樣是永久的和致命的。

我們現在知道，不僅過去影響現在，現在也能強烈地影響過去；換句話說，過去既不能使我們受詛咒，也不能注定我們的現在和將來。我們童年的不幸遭遇和創傷雖然留下了痕跡，卻絕不意味著我們現在要聽命於這些痕跡，也不意味著我們的行為模式已經定型，不可改變。我們目前的想法，或者說我們目前的心理習慣，我們對過去經歷的態度和對將來的態度，全部對舊的記憶痕跡產生影響。舊的思想可以被現在的思想改變、修正或者取代。

6．舊的記錄可以改變

另一個有趣的發現是，既定的印象活動或「重放」得越多，它就越有潛力。科學家告訴我們，印象的永久性取決於觸聯效能，這種效能應用得多則可以提高，應用得少就會降低。這樣，我們又有了科學根據來忘掉和忽略來自過去的不幸經歷，把精力集中在幸福和快樂上。這種作法可以使我們加強與成功和快樂有關的印象，削弱與失敗和痛苦有關的印象。

因為過去的錯誤而譴責別人甚至譴責自己是無濟於事的，也不可能改變我們的現在和未來。譴責自己毫無益處可言。你的過去只能解釋現在，而將來如何是你自己的責任。選擇權在你手裡。像一部破舊的唱機一樣，你可以繼續播放那張破舊的「老唱片」，喚醒過去的不公平，為過去的錯誤自責自憐；所有這一切只會重現過去失敗的模式和失敗的感情，使你的現在和將來蒙受影響。

假如你選擇的話，你也可能放上一張新唱片，重視成功的模式和「必勝的感覺」，幫助你在現在行動得更好，向你展示一個更快樂的味來。

當唱機播放你不喜歡的音樂時，你不會硬逼著它放的音樂好聽一些，不會運用努力或意志力達到目的，也不會把唱機扔到一邊，更不想改變音樂本身，只要把正在播放的唱片換另外一張，音樂也就隨之轉變了。

就像摩西奶奶所說的：「人生隨時都可以重新！」

第七章

自我意象的整形

——拜託，不要從「自我否定」做起……

英國大文豪蕭伯納曾經說過：人生有兩個悲劇，一個是願望尚未達成，另一個則是願望已經達成了。

一位哲學家途經荒漠，看到一座很久以前的城池的廢墟。歲月已經讓這個城池顯得滿目瘡痍了，但仔細看，依然能從輪廓看出昔日輝煌時的風采。哲學家想在此休息一下，他隨手搬過來一個石雕坐了下來。

他點燃了一支香煙，望著被歷史淘汰下來的城垣，想像著曾經發生過的故事，不由得感嘆了一聲。

忽然，有人說：「先生，你感嘆什麼呀？」

他四下裡望了望，卻沒有半個人影，他不覺疑惑起來。但那聲音又響起來，原來是個石雕在說話，那是一尊「雙面神」的雕像。

他沒有見過「雙面神」，所以就奇怪地問：「你為什麼會有兩副面孔呢？」

雙面神回答說：「有了兩副面孔，我才能一面察看過去，牢牢的記取曾經受過的教訓；另一面又可以瞻望未來，去憧憬無限美好的前景啊！」

哲學家說：「過去的已從眼前消逝，再也無法留住，而未來尚未來到，是你無法看到的。你不把現在放在眼裡，即使能對過去瞭如指掌，對未來洞察先知，又有什麼具體的意義呢？」

雙面神聽了哲學家的話之後，不由得痛哭起來，他說：「先生啊，聽了你的話，我才明白，我今天落得如此下場的根源。」

哲學家問：「為什麼？」

雙面神說：「很久以前，我駐守這座城池時，自詡能夠一面察看過去，一面又能瞻望未來，卻唯獨沒有好好的把握住現在。結果，這座城池被敵人攻陷了，美麗與輝煌卻都成了過眼雲煙，我也被人們唾棄而置於廢墟之中了。」

別讓個性害了你

個性是指一個人的整體面貌，即一個人的精神和氣質的全貌，包括他的世界觀、人生觀、道德觀、倫理觀以及信念、興趣、能力等等。

「個性」是一種具有吸引力而又神秘的東西，它容易瞭解而不易解釋，它不是從外界獲得的，而是發自內部的東西。

每一個人的真正自我都是有吸引力的，是有磁性的，對別人具有強大的影響和感染力。我們覺得自己與某種真正的、基本的東西聯繫著，而這種東西也為我們服務；相反，虛偽總是叫人討厭和反對的。

我們說某個人「個性很好」，其實是說他釋放了內心的創造性潛力、能夠表現真正的自我。

「不良個性」與「被壓抑個性」是一回事。具有「不良個性」的人不能表現內在的創造性自我。他把自我囚禁起來，帶上手銬，緊緊鎖住並且把鑰匙扔掉。「抑制」一詞最終意味著停止、避免、禁錮、束縛。受壓抑的個性約束真正的自我表現。他總有理由害怕表現自己、害怕成為自己，把真正的自我緊鎖在內心深處。

壓抑的症狀很多：羞怯、靦腆、自我意識、敵意、過度的罪惡感、失眠、神經過敏、脾氣暴躁、無法與別人相處，等等。

挫折是壓抑的個性在各種領域和各種活動中具體表現的特徵。他的真正和基本的挫折是他不能「成為自己」、不能適當地表現自己。這種基本的挫折侵害了他的一切行為、使這些行為可能染上其他色彩。

1．過多的否定反饋等於壓抑

「否定反饋」實際上總是說，「停止行動，或者停止某種行動方式，做一些別的事。」它的目的是修正你的反應，或者改變前進的程度，而不是停止全部行動。但是，如果否定反饋過量或者我們自己的機制對否定反饋過於敏感，其結果就不是修正反應，而是完全抑制了反應。

過多的抑制和過量的否定反饋是一回事。如果我們對否定反饋或批評反應過了頭，可能會得出結論說，不僅我們目前的路線偏離了正軌，甚至我們決定前進本身就是一種錯誤。

伐木者或獵人常常選擇他的汽車附近一個醒目的標志，以便引導他回到自己的汽車上，比如說一棵幾英哩遠都能看到的特別高大的樹木。當他準備返回汽車時，他就尋找這棵樹（他的目標），朝著這棵樹走。這棵樹雖然常常在他視野中消失，但他能利用一切機會，通過比較前進方向與樹的方位來「核對路線」，如果他發現前進路線偏離，立即加以糾正，繼續朝前走。不過，他決不會得出結論說他走路本身是錯誤的（因為那棵樹的存在是正確的）。

然而，我們還是有很多人偏偏要得出這種愚蠢的結論。當我們注意到自己的表現方式偏離了方向，失去了目標，或者說「錯了」時，我們就得出結論說自我表現本身是錯誤的，或者說希望成功（到達我們心目中那棵樹）是錯誤的。

不要忘記：過多的否定反饋會起到干涉或完全停止適當反應的作用。

2．過分「謹慎」導致抑制與焦慮

你試過穿針引線嗎？如果試過但又不熟練，你可能會注意到，你把線頭緊緊捏住，然後湊近針眼，企圖把線頭插進那個小孔，但每一次想把線穿過針眼時，你的手就不由自主地顫抖起來，線一下子就穿空了。

想把液體灌入一個細頸瓶也會出現同樣的結果。你的手能夠拿得很穩，然後去貫徹你的意圖，這時候，不知為什麼，你的手卻顫抖起來。

前面提過，這種現象在心理學上被稱為「目的顫抖」。

正常人過於努力或過於「謹慎」地想在達到目的的過程中不犯錯誤，其結果必然與上述現象相同。在某種病理條件下，例如大腦某些部分受傷，這種「目的顫抖」可能變得很嚴重。例如一個患者在不打算有任何目的時，可能會把手抬得很穩，可是讓他把門鑰匙插進鎖裡，他的手卻可能來回顫抖，而且幅度很大。他可以穩穩地握住一支鋼筆，但要他簽名時，手就抖起來，這時候手的顫抖是控制不住的。假如他不願意因此而丟臉，不想在陌生人面前犯錯誤而過分謹慎起來，他也許根本就寫不了字。

放鬆的技巧鍛煉可以幫助這些人，而且往往能收到明顯的效果，通過這種鍛煉，他們學會放鬆過度的努力和過度的「目的性」，克服在避免錯誤和失敗時產生的過度謹慎。

過度謹慎或過於擔心犯錯誤是過度否定反饋的一種形式。就像在口吃的病例中那樣，口吃的人想事先知道可能犯的錯誤，為了避免錯誤而過於謹慎，其結果是產生抑制和破壞行為。過度的謹慎和焦慮關係非常密切，兩者都是過分關心可能出現的失敗和錯誤，過分努力想保持正確。

「我不喜歡那些冷漠、精確、滴水不漏的人，他們為了不說錯話而從來不張口，為了不做錯事而從來不動手，」亨利・華德・米契爾說。

3．「自我意識」其實是「他物意識」

過度否定反饋同我們所說的「自我意識」之間的因果關係是不難看出來的。

在很多類型的社會關係中，我們不停地從別人那裡收到否定的反饋數據。一個微笑或者皺眉，讚許或不讚許的上百種巧妙的暗示，感興趣或不感興趣的暗示，等等，不斷地告訴我們「做得如何」、是否順利、是否命中了目標。在任何一種社會條件下，說話者與傾聽者之間、演員和觀眾之間都有一種相互作用。如果沒有這種不斷的溝通往來人與人的關係和社會活動就根本不可能，大家只會感到枯燥，無聊，呆板，沒有生氣，缺少「亮光」。

出色的男女演員和社會演說家能夠意識到自己與觀眾的交流，這就有助於他們表演得更好。具有「良好個性」並且在社交場合受人歡迎的人，能意識到自己與他人的互相交流，並且以一種創造性方式對這種交流作出自動的和自然的反應。與他人的交流被用作一種否定的反饋，使人在社交中表現更好！

4．「別人的看法」造成抑制

如果你過於有意識地關心「別人怎麼想」，如果你過於謹慎地想取悅於別人，如果你對別人真正的或假想的不贊成過於敏感，那麼，你就過多地得到了否定反饋，造成抑制和不良表現。

只要你不斷地、有意識地監視自己的每一個行動，注意著每一句話或每一種動作。這樣一來，你也會受到抑制。

你過於謹慎，想要造成一個好印象，反而阻塞、限制和壓抑了你的創造性自我，其結果是造成一個不好的印象。給別人造成好印象的方法是：永遠不要有意識地「想」讓他們對你印象好，永遠不要僅僅為了有意識地構想的效果而行動或者不行動。永遠不要有意識地「猜想」別人會怎樣考慮你和評價你。

5・你需要更多的自我意識

著名教育家、心理學家和演說家維卡姆博士說，小時候他自我意識太強，在課堂上簡直不能背誦課文。他躲著別人，在同別人談話時總是低著頭。他不斷地與自我意識作鬥爭、努力要克服它，但是沒有成功。

後來，有一天他產生一個新的想法，發現自己的問題不在於「自我意識」，而是過多的「他人意識」，對於別人如何考慮他所說的或作的一切，他過於敏感了，因此被束縛起來，不能清晰地思考，也想不出該說什麼話。獨自一個人的時候他就沒有這種感覺，而是十分平靜，放鬆，泰然自若，能夠產生很多有趣的想法，有很多有意思的話要說，而且能夠完整地體會到自我的存在。

6・自我表現不是道德問題

多數不幸事件的產生，都是因為我們對根本與道德無關的問題採取「道德上」的立場（道德上的審判）。

比如說，自我表現或缺乏自我表現，從根本上來說不是倫理問題，除非說我們有「責任」使用造物主賜給我們的才能。不過，如果你在小時候因為說話、發表意見和「炫耀」而受到壓抑，被迫閉嘴、丟臉、受侮辱甚至受懲罰，那麼，就你的意識而言，自我表現也可能算得上一種道德上的「錯誤」。這樣的兒童會學到：表現他的真正情感是錯誤的。

有些兒童覺得，只有表現壞的情感——憤怒和恐懼——才是有罪或錯誤的。但是，當你壓抑壞的情感時，你也抑制了好的情感的表達。判斷情感的尺度不是「好」或者「壞」，而在於適當或不適當。一個人在小路上遇見熊而體驗到恐懼是適當的。在需要合法地利用純粹的力量和破壞性摧毀一個障礙時，憤怒是適當的。憤怒如果加以適當的指導和控制，是勇敢的一個重要因素。

「怯場」是一種平常而又普遍的現象。如果把它看作「偏差的意識」引起的過度否定反饋，這種現象就能夠理解了。怯場是擔心我們因為說話、發表意見，讓人覺得「了不起」或者「出風頭」而受到懲罰，我們還是小孩子的時候就懂得這種事是「錯誤的」，「該受懲罰」的。怯場現象說明了自我表現受壓抑是非常普遍的現象。

解除壓抑的個性

假如你是千百個由於受壓抑而遭到不幸和失敗的人中的一員，你必須有意地練習解除抑制。你必須練得不那麼謹慎，不那麼擔心，不那麼認真。你必須練習思考之前講話，不要講話之前思考，練習不加思索的行動，不要行動之前「過於仔細」地思考。

1・不要事先考慮你「想說什麼」，張開嘴巴說出來就行。

然後，一邊「說」、一邊考慮應該如何應對。

2．不要做計畫（不要考慮明天），不要在行動前考慮。

行動——在行動中糾正你的行為。這個建議看來有些偏激，但事實上是一切伺服機制開動的方法。一枚魚雷絕不事先「考慮好」它的錯誤、也不事先就試圖糾正錯誤。它必須首先行動——朝目標發動——然後糾正一切可能產生的偏差。

3．停止批評自己。

受壓抑的人經常沈溺在自我批評中。不管做出多麼簡單的舉動，事後他都會對自己說：「真不知道我該不該做。」在鼓足勇氣說完一句話之後，他立刻對自己說，「也許我不該這麼說。也許別人會有錯誤的理解。」再也不要這樣折磨自己。有用和有益的反饋都是無意識地、自發地、自動地進行的。有意識的自我批評、自我分析和反省如果每年只進行一次倒是有好處的，但是作為一種經常不斷的、每日每時都進行的自我猜疑或者對過去行為的事後分析，只能導致你行動的失敗。要注意這一類的自我批評，立即停止下來加以戒除。

4・養成習慣，講話聲要比平時稍大一些。

受壓抑的人說話明顯地聲音細小。提高你的音量，但不必對別人大聲喊叫或使用憤怒的聲調，只要有意識地比平時聲音稍大就行。大聲談話本身就是解除壓抑的有力方法。最近的實驗證明，在舉重的時候大聲叫喊、咕嚕或者呻吟，可以多使出百分之十五的力量，舉起更大的重量。實驗的解釋是，大聲叫喊能解除壓抑——你能調力全部氣力，包括那些受到阻礙和壓抑的氣力。

5・你要是喜歡誰就讓誰知道。

受壓抑的個性既害怕表現壞的情感，也害怕表現好的情感。如果他表示愛情，就擔心別人說他自作多情；如果他表示友誼，又怕被當作阿諛奉承；如果他稱讚某人，又怕人家把這當作虛偽逢迎，或者懷疑他別有用心。所以，完全不必考慮這些否定的反饋信號。你可以「勇敢地」喜歡什麼？做什麼？完全不必考慮得「十分周到」，反而害慘了自己！

讓自己過得更美好

當你的肉體受到損傷（比如說手臂劃破）時，你的身體會形成疤痕組織，它比原來的肌肉更堅韌，更粗糙。疤痕組織的目的是形成有保護作用的表皮或外殼，是保證同一地方不再受傷的自然方式。如果一隻不合腳的鞋摩擦你腳上的敏感部位，一開始的結果是痛苦的感覺，繼續摩擦時，這個部位就形成一個繭子，一層保護的外殼。這是防止進一步的疼痛和損傷的自然保護法。

很多人身體並沒有受過傷，只是在內心留有情感的傷疤，它同樣也會對個性產生影響。這些人過去受過某個人的傷害，為了防止再受到這方面的傷害，他們形成了精神上的厚繭和情感上的疤痕來保護自我。然而，這種疤痕組織不僅「保護」他不再受原來那個人的傷害，也「保護」他防範其他一切人。一道情感上的高牆就此建立起來，不論是敵人還是朋友都不能通過。

就像臉上有傷疤的人一樣，過分地防範原來的傷害，可能使我們更容易受傷害、而且在其他部位受傷更重。我們築起一道高牆來防範某個人，卻隔斷了我們與其他一切人的聯繫，也把我們同我們的自我隔絕起來。前面已經談到，感到「孤獨」或者與其他人缺乏接觸的人，同樣會感到與真正的自我、與生活失去了聯繫。

1．情感傷疤助長少年犯罪

心理學家赫蘭德指出，雖然少年犯顯得很有獨立性並且喜歡吹牛、尤其是吹噓他們如何藐視一切權威，但實際上他們的防範心是很重的。赫蘭德博士說，在這種堅硬的外殼裡面「是一個軟弱可欺的內在自我，希望依賴於其他人。」然而，他們同任何人又不可能太親密，因為他們誰也不相信。過去他們可能受到一個他們很看重的人的傷害，他們現在不敢鬆開自己，怕再度受到傷害。他們永遠處於防範狀態，為了防止進一步的排斥與痛苦，他們主動進攻。這樣，他們就離那些只要有機會就願意愛他們、幫助他們的人越來越遠。

2．情感傷痕造成醜陋的自我意象

情感傷疤對於我們的自我還有一種反作用，他們使人形成一個丑陋的自我意象，一個不為其他人所喜愛和接受的形象，一個不能與世界上的人和睦相處的形象。

情感傷疤妨礙你創造性地生活，妨礙你成為柯布斯博士所說的「自我實現的人」。柯布斯博士是佛羅里達州教育心理學教授和顧問，他認為，每一個人的目標都應當是成為一個「自我實現的人」，這種人不是先天造就的，而是經過努力達到的。

自我實現的人具有下列特徵：

一、他們把自己看作是受人喜歡的、有人需要的、大家都接受的、有能力的人。

二、他們高度承認具有本來面目的自我。

三、他們覺得自己和他人是一致的。

四、他們有淵博的學識。

帶有情感傷疤的人，不僅有一個誰也不需要、誰也不喜歡的、沒有能力的自我意象，而且還把他所生活的世界想像為一個充滿敵意的地方。他同這個世界最基本的關係是一種敵對關係，他同其他人的來往不是建立在給予與接受、互相合作、共同享受之上，而是建立在壓倒、擊敗、防範等觀念之上。他對別人和對自己都不會有仁慈之心。挫折、侵犯他人和孤獨是他所付出的代價。

自己進行精神上的美容手術

要除去舊的感情傷疤，你自己就可以動手。你必須是自己的整形醫生——給你自己施行精神上的美容手術。手術的結果將會帶來——新的生活、新的活力、新的寧靜和快樂。

我們說情感上的美容手術和利用「心理外科」絕不僅僅是一種比喻。

舊的感情傷疤不能靠醫術或藥劑治療，只能被「切除」，完全放棄，徹底消滅。很多人用各種藥膏或油脂來塗抹往日感情的傷口，但是不起作用。

一個典型的例子是：妻子發現丈夫不忠，經過她的醫生勸告之後，她同意「原諒」他，因而既沒有跟他吵鬧，也沒有離開他。從一切外在舉止上看，她是一個「盡了責任」的妻子；她把房間打掃得乾乾淨淨，每頓飯也準備得很周到，等等。但是，她用很多巧妙的手段，用她冷酷的心，用炫耀她道德上的優越感來破壞他的生活，使他整天像待在地獄裡一樣。丈夫抱怨時，她就回答說，「噢，親愛的，我雖然原諒了你，但是卻永遠無法忘懷（意思是，在內心我不會原諒你）。」她的這種原諒不過是證明她在道德上勝他一籌。假如她拒絕給予這種原諒並且離開他，也比現在這樣對他更寬容，同時自己也會更幸福。

1．原諒是去除情感傷疤的手術刀

亨利．華德．米契爾說：「『我能夠原諒，但我不能忘卻』，這句話其實就等於『我不原諒』。原諒應該像一張注銷的票據，撕成兩半，燒掉它，使它永遠不對某人不利。」

真正的、徹底的原諒就是被遺忘的，它是一把手術刀，可以刮去舊日感情創傷上的膿水，使傷口癒合，並消除疤痕組織。

不完全的或非真心的原諒，效果還比不上面部施行的不完整手術。偽裝成原諒，把它當作一種責任，其效果無異於一種假的整形手術。

你應該忘掉你的原諒，同時忘掉被原諒的錯誤。銘記在心的原諒和耿耿於懷的原諒都會使你試圖治癒的傷口重新感染。如果你對自己的原諒過於驕傲，或者過份放在心上，你很容易覺得別人被你原諒而欠你什麼。如果覺得你原諒他欠你的債，於是他就等於欠了你另一筆債；這就好像一家信貸公司的職員，他們勾銷了一張借據，可是每隔兩星期又讓人立下一張新的借據。

2．原諒不是一種武器

對於原諒，普遍存在著各種謬見，它的治療效果一直沒有得到更多的承認，其中一個原因就是真正的原諒很少出現。比如說，很多作家告訴我們，原諒可以使我們更「美好」，卻很少有人勸我們原諒別人而得到自己的快樂。另一種誤解認為，原諒可以使我們地位更優越，甚至是壓倒敵人的一種方法。這種思想往往出現在很多俏皮的警句裡，比如，「不要只想『報復』，原諒你的敵人就可以勝過他。」

已故的坎特伯雷大主教狄羅遜告訴我們，「當對方有傷害之心時，我們則以仁慈對他，這是我們對他人所能取得的最光榮的勝利。」這不過是以另一種方式說：原諒本身可以作為一件有效的報復武器。原諒的確可以報復，然而，報復性的原諒並不等於治療性的原諒。治療性的原諒對於錯誤是要加以根除和消滅，使它像是從來不曾存在過一樣。治療性的原諒就像一種外科手術。

3・痛痛快快地放棄怨恨

首先，「過錯」應當被視為一種不希望出現的事而不是一件希望出現的事，特別是我們對過錯的憎惡感。一個人在真正同意截肢之前，他必須明白這隻手臂沒有保留的必要，它是一種不需要的、毀壞性的和威脅性的東西。

在面部整形中沒有局部、暫時或半途的措施，疤痕組織被完全地切除了，傷口只能平整地癒合，而且必須注意面部每一個地方都要恢復受傷以前的狀態，就像從來沒有受過傷一樣。

4．原諒他人，也要原諒自己

我們大多數人不僅因為別人而引起情感的創傷，也因為這些創傷而折磨自己。我們用自責、後悔、懊喪來敲打自己的頭腦。我們用自我猜疑來打倒自己，用過分的負罪感來撕碎自己。

悔恨和懊喪是想在感情上永遠生活在過去。過分的負罪感是想把過去我們做錯的事或以為是做錯的事改正過來。

情感只有在幫助我們對目前環境中的某種現實作出相應的反應時，才算得到了正確和適當的使用。既然我們不能生活在過去，我們就無從對過去做出情感上的適當的反應。就情感的反應來說，過去只能一筆勾銷、封閉起來或者徹底忘掉。我們不必以這種或那種迂迴的方法採取「情感的立場」，這樣只會使我們沈溺在過去中迷失方向。重要的是我們現在的方向和現在的目標。

我們需要認清自己的過失和錯誤，否則就不能糾正方向，「引導方向」也就不可能。但是，因為自己的錯誤而憎惡或者譴責自己卻是毫無益處的。

5．你犯錯誤，但「你」不是錯誤

在考慮我們自己的錯誤（或別人的錯誤）時，應當把錯誤視為我們幹過的或沒有幹過的事情，而不應當以為錯誤使我們成為什麼樣的人，這樣考慮問題才有益處，才符合現實。

我們所犯的最大錯誤，是把自己的行為同「自我」混淆起來……並且得出結論說，因為我們幹過某種事，就使我們成為某種人。如果我們能看出，錯誤僅僅與我們的行動有關，我們的思想就澄清了。為了現實起見，我們在描述錯誤的時候應該使用說明動作的動詞；而不是使用說明存在狀態的名詞。

比如說，「我失敗了」（動詞形式），只不過是承認一個過失，有助於將來的成功。但是，說「我是個失敗者」（名詞形式），並沒有描述你所作過的事，只是表明你認為錯誤造就了你。這樣做與學問無關，卻把錯誤「固定」下來，使它成為永久性的。這個理論在臨床心理實驗中反複得到了證明。

我們似乎會承認，所有的孩子在學走路時都會偶然跌倒。我們說他「跌倒」或者「絆倒」了，而不會說他是個「跌倒的人」或者「絆倒的人」。

鄧拉普博士花了二十年時間研究人的習慣，習慣的形成與糾正、習慣與知識之間的關係。他發現，同樣的原則也適用於一切「壞習慣」，包括壞的感情習慣。他說，最根本的問題是，患者應當學會停止責怪自己、譴責自己，為自己的習慣感到悔恨──如果他想糾正這些壞習慣的話。他發現，因為患者作過或正在作某種錯事而得出「我毀了」或者「我沒有價值」的結論是特別有害的。

所以，應當記住，「你」造成錯誤，而不是錯誤把你變成某種人。

情感上的整容使你煥然一新

對自己進行「精神面貌修整」決不是賣弄文字。它可以使你進入更豐富的生活，具備更充沛的活力，使你具有青春的「素質」。你實際上會顯得更年輕。我常常看到一個男人或女人在去掉了舊日情感上的疤痕之後，容貌上明顯地年輕了五到十歲。看看你周圍的人，你所認識的超過四十歲的人中，哪些人顯得很年輕？哪些人性情乖戾？哪些人滿腹牢騷？哪些人悲觀失望？哪些人憤世嫉俗？又有哪些是開朗、樂觀、善良的人？

另外，還有一位醫生整理出更健康的身心精神美容術——

1．每天早上快樂的吃早餐。

2．和路人微笑打招呼。

3．走一段路、或爬幾層樓梯。

4．多喝水。

5・放下手機，看看四周。

對別人或者對生活滿懷怨言，可以使人年老背駝，就像肩膀上負著重擔造成的後果一樣。帶有情感傷疤、滿腹牢騷的人生活在過去，這正是衰老的特徵。年輕的態度與年輕的精神可以抹去心靈和面容上的皺紋，使眼睛充滿光亮，使你看到未來，對未來充滿無限希望。

第八章

命運是人生的一個偶然並非終結

——與命運爭吵的人，永遠無法瞭解自己

「窮算命、富燒香」，窮人想要改變命運，求教於算命卜卦者，富人想要更富有，用金紙賄賂神明。

工作不順、家庭破碎的失意者跑去找一個算命先生卜卦。

算命先生看看他的命盤後說：「你會一直窮愁潦倒到40歲左右，然後……」

「然後怎樣？怎麼樣？有轉機是吧？」

失意者抱著一絲希望，急急地問。

只見算命師再看了看他的命盤一眼，又重重地吸了一口菸，才慢慢地說——

「然後……然後嘛！慢慢你就會習慣了。」

生命力

生命，生命力是什麼？生命力的內容是何物？

西里耶博士證明了一種基本生命力的存在，他把它稱之為「適應能力」，人類在整個一生中，每天都必須「適應」環境壓力，就連生活過程本身也構成壓力和不斷的適應。西里耶博士發現，人體內包括各種防衛機制，以防衛特殊的壓力，還有一種總的防衛機制，以防衛非特殊的壓力。「壓力」包括一切需要適應和調整的東西，例如極度的熱和冷，病菌的侵襲，情緒緊張，「生命的損耗」或者「老化過程」。

西里耶博士說，「適應能力是一個新造的詞，說明在持續的適應工作中所消耗的能，說明它與食品中吸取的熱能有不同的性質，但它只是一個名稱，至於它究竟是什麼，我們還沒有十分準確的概念。將來對這個問題的研究可能會有巨大的成就，因為我們在這裡好像是已經接觸到了老化的基本因素。」

對於我來說，西里耶博士所證明的東西中真正重要的是，人體本身有自己的裝備，能自行維持健康，治癒疾病，並成功地對抗造成「老化」的那些因素而保持青春。他不僅證明人體能自行治癒，而且在最後分析時也證明這種「治癒」是唯一可能的。藥物、外科手術和其他各種療法主要是在人體的防衛機制失效時把它刺激起來，或者在這種機制亢進時使它緩和下去。「適應能力」本身才能最後克服疾病、治癒創傷，或者戰勝其他「造成壓力的因素」。

在一九五一年聖路易斯州召開的國際老年學會會議上，金斯伯格博士提到，傳統的觀念認為，人一到七十歲左右就開始衰老和無所作為。這種觀念在很大程度上使人們到了這個年齡就真的「衰老」了。他認為，在更為開化的將來，我們可以把七十歲視為中年。

根據一般的觀察，不少人在四十至五十歲這一階段在容貌和動作方面開始顯老，而其他同齡人卻依然顯得很年輕。最近的一項研究發現，關鍵在於「老年型」的人到了四十五歲便自認為到了「中年」，越過了青春的頂峰；而「青年型」的人在四十五歲時，仍然覺得自己尚且年輕。

至少有兩個方面能夠說明我們如何認為自己已經衰老。其一，在一定的年齡時，我們便期望老年將至，不自覺地確立一個否定的目標，讓我們的創造性機制去實現；其二，在等待衰老並且恐懼它的後果時，我們可能不情願地做出一些事情促使自己老化得更快。

我們開始減少身心兩方面的活動，使身體各個部分的柔韌和靈活性大大喪失。缺少鍛煉使我們的毛細血管收縮，並最終失去作用，維持生命所必需的血液供應不能充分地流到肌肉組織。實際上，對於擴張毛細血管、維持身體各組織的血液供應和清除廢物來講，比較激烈的運動鍛煉是必不可少的。

西里耶博士曾在一個活的動物身體內植入一個空試管來培養動物的細胞組織。不知是什麼原因，在這個試管中形成的是生理機能比較「新」和「年輕」的細胞。如果不加注意，這些細胞一個月之內就死去了。然而，如果試管中的液體每天清洗，廢棄物每天清除，這些細胞就能長期活下去，永遠保持年輕，既不老化，也不會死去。

西里耶認為這可能就是衰老機制，如果事實如此，只要延緩廢棄物生產速度、或者幫助身體組織拋棄廢物，「老化過程」就可能推遲。在人體內，毛細血管是廢棄物清除的出路，缺乏運動和一般活動，最終將使毛細血管「乾枯」，這已經是人們確認了的事實。

活動就是生命

當我們決定削減身心兩方面的活動時，實際上是在愚弄自己。我們在前進道路上「停滯」下來，缺少生機，放棄了我們的「遠大前程」。

我毫不懷疑，如果你去找一個三十歲的健康人，使他相信自己已經年邁，體力勞動是危險的，心理活動也是徒勞的，那麼，用不了五年時間，你就可以把他變為一個「老人」。如果你能說服他每天坐在椅子上，放棄一切對未來的夢想，放棄對新觀念的一切興趣，把自己看成一個「沒有油水」、「沒有價值」、「沒有意義」和沒有創造性的人，那麼，我敢保證你能實驗性地創造一個老人。

辛德勒博士在他著名的《一年之內如何生活三百六十五天》一書中指出，他相信每個人都有六種最基本的需要：

一、需要愛情。

二、需要安全。

三、需要創造性表現。

四、需要認識（認知）。

五、需要新的經驗。

六、需要自尊。

我認為，在這六條之上，還應當加一種基本需要：需要更多的生命，需要盼望明天和期待將來——滿懷喜悅和憧憬。

生活就是要向前看

我相信生命本身就有適應性，生命本身不是目的，而是達到目的的一種手段。生命是人類有權使用的「手段」之一，用各種途徑達到重要的目標。我們可以看到，這一原則在各種生命形式中都是通用的——從變形蟲到人類均是如此。

例如，北極熊需要有一張厚厚的皮毛才能在寒冷的環境中生存，需要有保護色才能獵取食物和躲避敵人。生命力作為一種「手段」達到目的，為北極熊提供白色的厚皮毛。生命為了應付環境中的難題而產生的適應性，幾乎是沒有止境的，舉不勝舉的。我只想提出一條原則以便做出結論。

如果生命能夠適應多種多樣的形式，作為達到一種目的的手段，那是否能這樣推斷，如果我們把自己置於一種追求目標的條件而需要更多的生命的話，我們就真的能得到更多的生命？

如果我們認為人是一個追求目標的生物，我們可以認為適應能力或者生命力就是推動他達到這個目的的能源或者燃料。一輛庫存的汽車，油箱裡用不著汽油，一個追求目標的生物，沒有目標也確實用不著多少生命力。

我相信，如果懷著喜悅和憧憬期待未來，我們就能確立這種需要，那時候，我們會盼望明天的歡樂，更重要的是，我們有事情可作，有前進的目標。

建立對生命力的更大需求

創造性當然是生命力的特徵之一。創造性的本質是盼望一個目標。有創造性的人需要更多的生命力。統計數字似乎也證明了這一點。作為一組創造性工作者——科學家、發明家、畫家、作家、哲學家——不僅比非創造性工作者壽命長，而且能比較長久地保持創造力。米開朗基羅年逾八十後完成了幾部最傑出的作品；歌德在八十歲以後寫出了《浮士德》；愛迪生到了九十歲還有發明創造；畢加索在七十五歲以後才統治了當今世界的美術領域；法蘭克·萊特九十歲時仍被視為最有創見的建築師；蕭伯納九十歲左右還在寫劇本，摩西奶奶七十九歲才開始作畫，而成為著名畫家。

正因為如此，我才建議我的患者「培養對將來的憧憬」，而不是「對過去的懷念」——如果他希望保持創造性和活力的話。培養對生活的熱情，建立對更多生命的需求，你就能得到更多的生命。

你是否考慮過，為什麼有很多男女演員竭力使自己的容貌比實際年齡年輕得多，年過五十之後還像個青年一樣？會不會是這些人需要容貌年輕一些，樂意保持他們的外表，不願意放棄保持青春的目標，像是我們大多數人到達中年之後那樣？

「我們之所以年老，不是因為年齡，而是因為我們對年齡增長的反應和感情，」哈契內克爾博士說，「心理學家盧伯納觀察到，作為廉價勞動力在田野裡幹活的農家婦女雖然面容很早就蒼老了，但是體力和耐力卻沒有減少。這是衰老的一個特殊例證，我們可以分析說，她們放棄了作為女性的競爭權力，甘心一生作為勤勞的工蜂，而工蜂是不需要美貌的，只要有身體上的能力就行。」

信心、勇氣、興趣、樂觀和向前的態度，給我們帶來新的生命和更充實的生活。消極、悲觀、挫折、生活在過去，不僅是「衰老」的特徵，而且是衰老的原因。

退休後不要放棄生活

許多人在退休後很快就走了下坡路，覺得自己的積極創造性生活已經完結，自己的任務也已完成。他們沒有什麼可盼望的東西，生活感到無聊、消極，而且覺得自己置身於物外，沒有任何重要意義，所以往往喪失了自尊心。他們的自我意象是一個無用的、無價值的、「腐朽的」寄生蟲。有很多人在退休後一年左右就去世了。

對這些人致命的傷害並不是退休本身造成的，而是因為他們脫離了生活。可怕的是無用和被淘汰的感覺，是自尊、勇氣和自信的喪失，這些東西原來是靠我們當前社會的態度來支撐的。我們應當明白，這些都是過時的和不科學的概念。五十年前，心理學家以為人的心理力量在二十五歲時達到頂峰，然後開始逐漸下降。最近的發現卻是，人在三十五歲左右才達到心理的頂峰，然後一直把這個水平維持到七十歲以上。無數的研究表明，學習的能力在七十歲時的水平同在十七歲時不相上下，儘管如此，居然還有人堅持胡說什麼「老傢伙什麼東西也學不了」！

如果你已經超過四十歲，忘掉你在大學時曾經舉過的重量，也忘掉你當時短跑的速度。一開始每天繞著住宅區走一走，逐漸把散步的距離增加到一英哩，然後是兩英哩。經過六個月之後增加到五英哩。然後轉換進行小跑和慢步。一開始每天小跑半英哩，然後是一英哩。以後再加上一些俯臥撐、屈膝或者適度的舉重練習。

克萊頓博士用這個計畫來訓練五十歲至七十歲的衰老和「虛弱」的人，兩年或兩年半之後，他們就能每天跑五英哩之多，不僅感覺良好，而且通過醫療檢查發現，心臟功能和其他重要器官的狀態有很大改善。

我為什麼相信奇蹟

我不僅承認自己有些「過分信任」，而且願意坦率地說我相信奇蹟。對於人體內各種機制為什麼能發揮作用，醫學不能裝得很瞭解。我們對於體內所發生現象知道一些，對於它們如何發生知道得就很少了。當身體的一個傷口癒合時，我們能描述所發生的現象，能說出這些機制如何發生作用，但描述本身並不等於解釋，不管使用什麼樣的術語。我現在仍然不明白一隻受傷的手指「為什麼」能痊癒，甚至「是如何」痊癒的。

卡雷爾博士談到人體癒合機制時說，作為一個醫生，他唯一能夠作出的解釋是，在強烈信念的影響下，人體的自然癒合過程——一般要經過一段時間以後才能完成癒合——似乎能夠「加快速度」。根據卡雷爾博士的說法，如果「奇蹟」是由人體內部的自然癒合過程加快和癒合力量的加強而造成的，那麼，我每次見到外科手術傷口癒合而產生新的組織，就等於看到了一次小小的「奇蹟」。至於它需要兩分鐘、兩星期還是兩個月都是一樣的。我還看到了一些我所不理解的力在發揮作用。

我相信只有一種生命存在，一種至高無上的源泉。但是這種生命有很多表現途徑，可以用多種形式顯現，如果我們要「從生命中得到更多的生活」，我們就不應該限制生命發展的途徑。不管是表現為科學、宗教、心理學或是其他形式，我們都應該接受它。

另一種重要途徑是「別人」。我們不要拒絕別人給我們的幫助、幸福和歡樂，也不應拒絕幫助別人、使他們幸福和歡樂。既不要過於驕傲而拒絕幫助，也不應過於冷酷而拒絕給予。我們不要僅僅因為禮物的形式不合我們的偏見或違背我們自大的觀念，而說別人的禮物是一文不值。

快樂是人生最好的藥

快樂本來就出自人的心靈和身體組織。我們快樂的時候，可以想得更好，幹得更好，感覺得更好，身體也更健康，甚至內體感覺都變得更靈敏。

俄國心理學家柯克契耶夫試驗過人在快樂與不快的思維中的狀況。人在快樂的思維中，視覺、味覺、嗅覺和聽覺都更靈敏，觸覺也更細微。威廉·貝特斯證明：人進入快樂的思維或看到愉快的景象，視力立即得到改進。瑪格麗特·柯貝特發現：人在快樂的思維中記憶大大增強，心情也很輕鬆。精神醫學證明：在快樂的時候，我們的胃、肝、心臟和所有的內臟會發揮更有效的作用。幾千年前，賢明的老所羅門王有一句格言：「快樂的心有如一劑良藥！」

快樂不是掙來的東西，也不是應得的報酬。快樂不是道德問題，就像血液循環不是道德問題一樣。快樂與血液循環兩者都是健康生存的必要因素。快樂不過是「我們的思想處於愉悅時刻的一種心理狀態」。如果你一直等到你「理應」進行快樂思維的時刻，你很可能產生你自己不配得到快樂的不快樂思想。「快樂不是美德的報酬，」斯賓諾莎說，「而是美德本身；我們不是由於抑制欲望而享受快樂，相反，我們享受快樂才能抑制欲望。」

快樂是一種心理習慣，一種心理狀態，如果不在現在加以瞭解和實踐，將來也永遠體會不到。快樂不是在解決某種外在問題後能產生的——一個問題解決了，另一個問題還會出現。生活本身就是一系列問題。如果你想要快樂，你就行樂吧，不要「有條件」地快樂！

除了聖人之外，沒有一個人能隨時感到百分之百的快樂。正如肖伯納所諷刺的那樣，如果我們覺得不幸，可能會永遠不幸。但是，我們可以憑藉動腦筋和下決心來利用大部分時間想一些愉快的事，應付日常生活中使我們不痛快的瑣碎小事和環境，從而使我們得到快樂。

我們對小的煩惱、挫折、牢騷、不滿、懊悔、不安的反應，在很大程度上純粹出於習慣。我們做這種反應已經「練習」了很長時間，也就成了一種習慣性反應。這類習慣性不快樂反應大多起因於我們自以為有損於自尊心的某種事情。

一個司機無緣無故地向我按喇叭，我們談話時有人肆意插嘴，我們以為某人該來幫忙他卻沒有來，等等。甚至一些非個人的事情也可能被認為是傷害我們的自尊心而引起我們的反應：我們要乘的公共汽車不得已而來遲了，我要打高爾夫球時偏偏下雨了，我們急著上飛機時交通忽然阻塞了，等等。我們的反應是憤怒、沮喪、自憐，換句話說：不高興。

史密斯索立安學院的艾爾默．蓋茨教授是美國最有名的發明家和公認的天才。他每天練習「喚醒愉悅觀念和記憶」，認為這樣做有助於自己的工作。他說，如果一個人想改善自己，「讓他保留住那些偶然出現的寬容和助人為樂的美好情感，像練習啞鈴一樣有規律地進行練習。讓他逐漸增加這種心理運動的時間，一個月之後，他就會發現內心裡產生驚人的變化，他的行動和思想也會體現出這種變化。確切地說，他從前的自我會大大地得到改善。」

陷入莫名的低迷情緒，就應該先做些簡單的工作，不給自己增添過重的負擔。在自己情緒高漲的時候處理那些棘手的問題，快樂的心情能激發我們飽滿的工作熱情，產生知難而上的挑戰欲。人在快樂的狀態下迎接挑戰，可以淡化為難的情緒。

尋找快樂，就別給自己貼上失敗的「標籤」。不要總是對自己說「我實在不行」或是「我沒有這種天分」以及「大家都不喜歡我」等等藉口。

真正能夠擊倒你的人，有時恰恰正是你自己。你應該多給自己一些激勵與信心，相信自己並不比別人差，相信自己是有能力、有潛力的！所以成功一定會屬於又自信又快樂的人！

如果你曾留意雨後走在馬路上的孩子，有可能看到，當他們發現前面有個小水窪，便會很高興地跑進去玩著、鬧著、笑著。那些大人則從水窪邊繞過去。不僅繞過去，嘴裡還嘟嘟囔囔，抱怨個不停……

快樂是一種選擇，是選擇快樂還是其它，都由我們自己來做決定的，最後向在百忙中抽空閱讀本書的您，獻上一瓣衷心的祝福！

〈全書終〉

國家圖書館出版品預行編目資料

自己再發見／林達夫著；初版 -- 新北市：
新潮社文化事業有限公司，2023.02
面；　公分
ISBN　978-986-316-863-8（平裝）
1. CST：人生哲學　2. CST：自我實現

191.9　　111019782

自己再發見

林達夫／著

【策　劃】林郁
【制　作】天蠍座文創
【出　版】新潮社文化事業有限公司
電話：(02) 8666-5711
傳真：(02) 8666-5833
E-mail：service@xcsbook.com.tw

【總經銷】創智文化有限公司
新北市土城區忠承路 89 號 6F（永寧科技園區）
電話：(02) 2268-3489
傳真：(02) 2269-6560

印前作業　菩薩蠻電腦科技有限公司

初　版　2023 年 06 月